中华人民共和国史
实践教学教程

主编 刘一博

江西人民出版社
Jiangxi People's Publishing House
全国百佳出版社

图书在版编目（CIP）数据

中华人民共和国史实践教学教程 / 刘一博主编 .—南昌：江西人民出版社，2023.3
 ISBN 978-7-210-14375-8

Ⅰ.①中… Ⅱ.①刘… Ⅲ.①中国历史—现代史—教材 Ⅳ.① K27

中国版本图书馆 CIP 数据核字（2022）第 247290 号

中华人民共和国史实践教学教程　刘一博　主编
ZHONGHUA RENMIN GONGHEGUO SHI SHIJIAN JIAOXUE JIAOCHENG

责任编辑：蒲　浩
装帧设计：唐韵设计

江西人民出版社 出版发行

地　　　　址	江西省南昌市三经路 47 号附 1 号（330006）
网　　　　址	www.jxpph.com
电 子 信 箱	web@jxpph.com
编辑部电话	0791-86898965
发行部电话	0791-86898815
承　印　厂	北京荣玉印刷有限公司
经　　　　销	各地新华书店
开　　　　本	787 毫米 ×1092 毫米　1/16
印　　　　张	13.5
字　　　　数	295 千字
版　　　　次	2023 年 3 月第 1 版
印　　　　次	2023 年 3 月第 1 次印刷
书　　　　号	ISBN 978-7-210-14375-8
定　　　　价	46.00 元

赣版权登字 -01-2023-53

版权所有　侵权必究
赣人版图书凡属印刷、装订错误，请随时与江西人民出版社联系调换。
服务电话：0791-86898820

编写委员会

主　编　刘一博

副主编　吴淑丽　王辛刚

编　委　周　欢　吴　巍　路涵旭　王丹阳
　　　　向丽蓉　郭锦华　贺晋晋　陈静文

前　言

"历史是最好的教科书。学习党史、国史，是坚持和发展中国特色社会主义、把党和国家各项事业继续推向前进的必修课。"党的十八大以来，习近平总书记就学习中共党史、新中国史、改革开放史、社会主义发展史作出一系列重要论述，全面阐述了学习"四史"的重大现实意义。同时，教育部也要求在普通高等学校开设"四史"类选择性必修课，"中华人民共和国史"课程就是高等学校为在校学生开设的一门"四史"类通识课程，是高校思想政治理论课课程体系的一部分。

"中华人民共和国史"课程，在教学过程中坚持理论性与实践性相统一，加强实践教学环节的设计，旨在提升本课程的教学效果。在此基础上，本人编写了《中华人民共和国史实践教学教程》这本书。本书定位于为讲授"中华人民共和国史"课程的高校教师提供开展实践教学的指导参考，主要配合人民出版社、当代中国出版社最新出版的《中华人民共和国简史》使用。本书在写作过程中，注意充分吸收学界最新的研究成果，并多次征求有关部门意见。本书既是党史学习教育的重要参考资料，也是全社会开展"四史"宣传教育的重要用书。

本书主要对照《中华人民共和国简史》，以中华人民共和国史的时间分期为主要标志划分章节，根据实践教学的特点，在每章设置"内容聚焦""知识要点""实践资源""实施案例""拓展思考"五个主要模块，从教学的知识和情感目标出发，着力深入挖掘可供教师使用的实践教学资源，设置2~3个实践教学实施案例，并进行相应的拓展思考。

（1）"内容聚焦"模块：概述章节要讲述的主要内容，确定要达成的知识、情感、政治认同多维教学目标。

（2）"知识要点"模块：梳理章节的知识要点，构建教学思维导图。

（3）"实践资源"模块：根据章节的教学要求和知识要点，挖掘并整合可供开展实践教学的各种资源，包括现场、遗址、纪念展馆、文字、影视、网络文创等多维度的教学资源。

（4）"实施案例"模块：结合章节的知识要点和实践资源，整理并策划具有可操作性的实践教学方案，包括以延伸课堂教学为主的"小实践"和假期集中开展的"大实践"；既提供"基础套餐"，又提供基于不同地域、行业特点高校的"可选套餐"。每个教学案例都设置了"教学主题""知识背景""适用环境""实践设计""效果监测"五个内容，可供教师选用。

（5）"拓展思考"模块：针对章节的教学内容，有针对性地提出可供进一步思考的问题，引导学生进行拓展思考，全方位理解教学内容，进一步深入达成教学目标。

本书也可作为配套中央"马克思主义理论研究和建设工程"重点教材《中华人民共和国史》（人民出版社、高等教育出版社2013年版）、齐鹏飞主编《中华人民共和国史（第2版）》（中国人民大学出版社2021年版）和中共中央宣传部重点出版物《新中国70年》（当代中国出版社2019年版）等教材来使用。

此外，本书还为广大一线教师提供了服务于本书的教学资源库，有需要者可致电13810412048或发邮件至2393867076@qq.com。

编　者

目　录

导论　1
一、为什么要开设"中华人民共和国史"课程　1
二、学习"中华人民共和国史"为什么要开展实践教学　3
三、"中华人民共和国史"课程开展实践教学的基本要素　4
　（一）开展实践教学的基本原则　5
　（二）实践教学的不同适用环境　6
　（三）开展实践教学的可选方式　7

第一章
中华人民共和国的诞生和社会主义制度的确立（1949—1956）

一、内容聚焦　12
　（一）中华人民共和国的成立　12
　（二）民主革命任务的完成和新生人民政权的巩固　12
　（三）国民经济的迅速恢复　15
　（四）过渡时期总路线的提出和社会主义基本经济制度的建立　16
　（五）社会主义政治制度的确立和发展　17
　（六）文教科技卫生等事业的建设和进步　18
　（七）新中国外交基础的奠定　19

二、知识要点　21

三、实践资源　23
　（一）场馆　23
　（二）文献　24

（三）影视　　24

四、实施案例　　26
　　（一）模拟政协会议讨论确定国旗　　26
　　（二）"共和国长子"与社会主义工业化　　29
　　（三）认识中国共产党的领导与社会主义新西藏　　31
　　（四）模拟第一届全国人民代表大会，体验社会主义民主　　34

五、拓展思考　　36

第二章
社会主义建设的艰辛探索和曲折发展（1956—1978）

一、内容聚焦　　39
　　（一）探索中国自己的社会主义道路　　39
　　（二）"大跃进"和国民经济的调整　　39
　　（三）在调整中发展社会主义事业　　41
　　（四）维护国家主权的斗争和对外交往　　42
　　（五）"文化大革命"时期的曲折发展　　43
　　（六）拨乱反正初步展开和经济复苏　　44

二、知识要点　　47

三、实践资源　　48
　　（一）场馆　　48
　　（二）文献　　49
　　（三）影视　　49

四、实施案例　　50
　　（一）课堂模拟——新中国成立以来中美关系的历史演变及规律性认识　　50
　　（二）中国科学院与"两弹一星"纪念馆现场教学　　53
　　（三）文献选读：《关于正确处理人民内部矛盾的问题》　　56
　　（四）课堂讨论：改革开放前后两个历史时期之间的关系　　58

五、拓展思考　60

第三章
改革开放与中国特色社会主义的开创（1978—1992）

一、内容聚焦　64
（一）真理标准问题大讨论与执政党指导思想的拨乱反正　64
（二）中共十一届三中全会与党的工作重心的战略性转移　64
（三）1982年《宪法》与有中国特色的社会主义法制建设　65
（四）基本政治制度的恢复与完善　66
（五）新时期的经济体制改革和经济建设　67
（六）新时期的文化体制改革和社会主义精神文明建设　68
（七）新时期的中国社会面貌　68
（八）新时期的中国外交　69
（九）在严峻考验中推进改革开放　70

二、知识要点　74

三、实践资源　76
（一）场馆　76
（二）文献　78
（三）影视　78

四、实践案例　79
（一）走进纪念馆，制作学生现场讲解短视频　79
（二）对比农村改革的过去与现在　82
（三）学习新时期涌现的优秀人物事迹　86
（四）观看历史纪录片，共话新时期外交风云　91

五、拓展思考　94

第四章

建立社会主义市场经济体制和
把中国特色社会主义全面推向21世纪（1992—2002）

- 一、内容聚焦 … 98
  - （一）社会主义市场经济体制目标的确立 … 98
  - （二）跨世纪发展战略和人民生活总体达到小康水平 … 99
  - （三）推进政治文明建设和先进文化建设 … 100
  - （四）祖国统一与中国特色军事变革 … 101
  - （五）开拓外交工作新局面 … 102
  - （六）推进党的建设新的伟大工程 … 102

- 二、知识要点 … 104

- 三、实践资源 … 105
  - （一）场馆 … 105
  - （二）文献 … 105
  - （三）影视 … 106

- 四、实践案例 … 107
  - （一）走访改革开放的重要标志：深圳 … 107
  - （二）课堂情感体验——观看纪录片《紫荆花开》之《神圣时刻》 … 112
  - （三）课堂讨论——邓小平南方谈话的意义 … 114
  - （四）走访中建一局，感受国企改革历程 … 117

- 五、拓展思考 … 119

第五章

全面建设小康社会与新的形势下坚持和
发展中国特色社会主义（2002—2012）

- 一、内容聚焦 … 124
  - （一）中国特色社会主义民主政治建设 … 124
  - （二）中国特色社会主义市场经济建设 … 125

（三）中国特色社会主义先进文化建设	125
（四）中国特色社会主义和谐社会建设	126
（五）中国特色社会主义和平发展道路	126
（六）港澳台地区的新进展	127

二、知识要点　　128

三、实践资源　　129
　　（一）场馆　　129
　　（二）文献　　130
　　（三）影视　　130

四、实施案例　　131
　　（一）上海世博园保留景观实践教学　　131
　　（二）课堂体验——基层民主自治制度的发展　　135
　　（三）5·12汶川特大地震纪念馆现场教学　　138
　　（四）课堂手工制作——"告别田赋鼎"　　142

五、拓展思考　　144

第六章
中国特色社会主义进入新时代和实现中华民族伟大复兴的中国梦（2012—2017）

一、内容聚焦　　148
　　（一）中国特色社会主义进入新时代　　148
　　（二）坚持和发展中国特色社会主义的总任务　　148
　　（三）统筹推进"五位一体"总体布局　　149
　　（四）协调推进"四个全面"战略布局　　150
　　（五）全面推进国防和军队的现代化　　150
　　（六）中国特色大国外交　　151

二、知识要点　　152

三、实践资源　　153
　　（一）场馆　　153
　　（二）文献　　154
　　（三）影视　　154

四、实施案例　　155
　　（一）展馆实践教学：国家博物馆《复兴之路》主题展览　　155
　　（二）走访湖南十八洞村，感受脱贫攻坚巨大成就　　158
　　（三）课堂讨论：沙漠变绿洲——塞罕坝的绿色传奇　　162
　　（四）观看《永远在路上》专题片　　166

五、拓展思考　　168

第七章
决胜全面建成小康社会和开启全面建成社会主义现代化强国新征程（2017—2021）

一、内容聚焦　　172
　　（一）中共十九大和习近平新时代中国特色社会主义思想　　172
　　（二）坚持和加强中国共产党的全面领导　　173
　　（三）推进国家制度和治理体系建设　　173
　　（四）决胜全面建成小康社会　　174
　　（五）开启全面建成社会主义现代化强国新征程　　176

二、知识要点　　177

三、实践资源　　178
　　（一）场馆　　178
　　（二）文献　　179
　　（三）影视　　180

四、实施案例　　181
　　（一）课堂讨论——庆祝中华人民共和国成立70周年大会阅兵式与开国大典阅兵式的对比　　181

（二）党自我革命的武器：批评与自我批评　　　　　　　　　185
　　（三）观看纪录片《同心战"疫"》　　　　　　　　　　　　　187
　　（四）微视频大比拼：身边的全面小康　　　　　　　　　　　189
　　（五）从《中华人民共和国国民经济和社会发展第十四个五年规划和2035年
　　　　　远景目标纲要》看新征程　　　　　　　　　　　　　　191

五、拓展思考　　　　　　　　　　　　　　　　　　　　　　　　　193

附　录
访谈教学操作规范
一、访谈准备　　　　　　　　　　　　　　　　　　　　　　　　　197
二、访谈实施　　　　　　　　　　　　　　　　　　　　　　　　　198
三、访谈作业要求　　　　　　　　　　　　　　　　　　　　　　　200

导　论

一、为什么要开设"中华人民共和国史"课程

"历史是最好的教科书。学习党史、国史，是坚持和发展中国特色社会主义、把党和国家各项事业继续推向前进的必修课。"[①] 中共十八大以来，习近平总书记就学习中共党史、新中国史、改革开放史、社会主义发展史作出一系列重要论述，全面阐述了学习"四史"的重大现实意义，全面分析了中国共产党的伟大历史贡献和革命精神，科学评价了党的领袖人物的历史地位，对构建中共党史的学科体系、学术体系和话语体系提出了要求和希望。习近平总书记关于"四史"的重要论述是习近平新时代中国特色社会主义思想的重要组成部分，为我们学好"四史"、做好"四史"的研究和宣传教育工作提供了理论指引。教育部要求在普通高等学校开设"四史"类选择性必修课，"中华人民共和国史"课程就是为高等学校在校本科生开设的一门"四史"类通识课程，是高校思想政治理论课课程体系的一部分。

新中国70多年的历史，是中华民族在中国共产党领导下奋发图强走向现代化并进入中国特色社会主义新时代的伟大历史，它已经并将持续对世界历史的进程产生深刻的影响。2019年10月1日，习近平总书记在庆祝中华人民共和国成立70周年大会上向世界庄严宣告：今天，社会主义中国巍然屹立在世界东方，没有任何力量能够撼动我们伟大祖国的地位，没有任何力量能够阻挡中国人民和中华民族的前进步伐。中国的昨天已经写在人类的史册上，中国的今天正在亿万人民手中创造，中国的明天必将更加美好。2021年7月1日，习近平总书记在庆祝中国共产党成立100周年大会上庄严宣告：经过全党全国各族人民持续奋斗，我们实现了第一个百年奋斗目标，在中华大地上全面建成了小康社会，历史性地解决了绝对贫困问题，正在意气风发向着全面建成社会主义现代化强国的第二个百年奋斗目标迈进。中国共产党百年奋斗、牺牲、创造的主题就是实现中华民族伟大复兴。党的十九届六中全会通过了《中共中央关于党的百年奋斗重大成就和历史经验的决议》，重点总结了新时代党和国家事业取得的历史性成就、发生的历史性变革和积累的新鲜经验。2022年10月，党的二十大在我们党成功走过百年奋斗历程，开启新百年新征程之

[①] 《在对历史的深入思考中更好走向未来　交出发展中国特色社会主义合格答卷》，《人民日报》，2013年6月27日。

际胜利召开，进一步总结了新时代党和国家事业取得的历史性成就、发生的历史性变革。新中国的历史，就是一部中国人民当家作主以后建立、巩固和探索社会主义制度史，是一部在改革开放中找到中国特色社会主义正确道路史，是一部中华民族在中国特色社会主义新时代实现伟大梦想的奋进史，是一部把马克思主义基本原理与中国社会主义建设实际相结合，推进马克思主义中国化、时代化、大众化的发展史。[①] 习近平总书记在庆祝中国共产党成立100周年大会上指出，为了实现中华民族伟大复兴，中国共产党团结带领中国人民，自力更生、发愤图强，创造了社会主义革命和建设的伟大成就；解放思想、锐意进取，创造了改革开放和社会主义现代化建设的伟大成就；自信自强、守正创新，统揽伟大斗争、伟大工程、伟大事业、伟大梦想，创造了新时代中国特色社会主义的伟大成就。这三个"伟大成就"，都是在新中国的历史时期创造出来的，是中华人民共和国史留给人们的宝贵精神财富。

  开设"中华人民共和国史"课程，在理论和知识层面的目标，是要通过讲授中华人民共和国成立以来的历史，对学生进行国情、国史教育，了解党团结带领人民作出的伟大贡献、取得的根本成就，使学生全面深刻把握中华人民共和国的历史进程及发展规律，深刻认识中国人民是如何在党的领导下战胜重重困难，捍卫国家独立、统一、安全，是怎样在落后农业国基础上主要依靠自己的力量建立起独立的比较完整的工业体系和国民经济体系，从而实现由近代不断衰落到根本扭转命运、持续走向繁荣富强的；深刻认识社会主义中国是怎样通过破除一切思想和体制障碍走上中国特色社会主义道路的，是怎样在已有根本政治前提和基本制度、建设成就基础上大踏步赶上时代的，又是怎样成功走出中国式现代化新道路，创造了人类文明新形态，从而为人类实现现代化提供新的选择而引领时代的。

  开设"中华人民共和国史"课程，在思想和价值层面的目标，是要引导学生以正确的历史观来把握新中国历史发展的主题主线、主流和本质、基本趋势、规律、经验和结论，不断坚定中国特色社会主义"四个自信"。新中国的奋斗历程和伟大成就是我们增强"四个自信"最坚实的基础，"四个自信"来源于实践、来源于人民、来源于真理。通过学习"中华人民共和国史"，使学生深入了解中国社会主义事业曲折发展的历史进程，加深对社会主义本质和怎样建设社会主义的认识、对中国特色社会主义和怎样建设中国特色社会主义的认识，进一步坚定对马克思主义的信仰、对中国特色社会主义的信念和对实现中华民族伟大复兴的信心，不断陶铸学生爱党、爱国、爱人民、爱社会主义的情感。

  开设"中华人民共和国史"课程，在学生成长和实践层面的目标，是要引导学生以史为镜、以史明志，做到学史明理、增信、崇德、力行，自觉树立成长为担当民族复兴大任

---

① 当代中国研究所：《新中国70年》，当代中国出版社2019年版，第1~2页。

的时代新人的自觉性和主动性。学习历史可以通过探索历史规律，预判历史发展趋势。当前，中华民族伟大复兴战略全局和世界百年未有之大变局正深度交汇、逆全球化抬头、贸易摩擦加剧，尤其是新冠疫情暴发以来，西方反华势力为摆脱困境，通过造谣、抹黑、封锁、制裁等办法不断将矛盾转嫁给中国。通过学习"中华人民共和国史"，引导学生从历史中把握未来，认清当代中国所处的历史方位和当代青年的历史使命，树立敢于斗争、敢于胜利的信心，以理论清醒确保政治坚定，以理想信念增强行动自觉，以崇高精神激励立德树人，以历史智慧提高实践本领。

二、学习"中华人民共和国史"为什么要开展实践教学

实践作为马克思主义的基本范畴之一，就是人们能动地改造和探索现实世界的一切社会的客观物质活动。通过社会实践检验和发展真理，是高校思想政治理论课实践教学的理论基础。习近平总书记在学校思想政治理论课教师座谈会上的重要讲话中，系统地论证了"八个相统一"，其中之一就是要坚持理论性和实践性相统一，用科学理论培养人，重视思政课的实践性，把思政小课堂同社会大课堂结合起来，教育引导学生立鸿鹄志、做奋斗者。那么，什么是实践教学呢？学术界和思想政治理论课教师对此有不同的见解。一般认为，实践教学是脱离课堂教学环境，运用各种书本教材以外的教学资源，有效激发师生双方特别是学生的主体地位，以学生主动参与为主要特征的教学方式。特别是对于思想政治理论课来说，实践教学对于促进学生达成知情意行的统一，促进教学目标的达成具有独特的作用，是提升思想政治理论课教学效果的重要场域和途径。有学者认为，高校思想政治理论课实践教学，就是"依据高校思想政治理论课课程教学目标和大纲，在一系列马克思主义基本理论教育环节的基础上，以教师为主导，以与教学内容密切相关的实践主题为场景，以学生主动参与体验为基本形式，以学生综合素质的整体性提升为目标，完成对高校思想政治理论课堂上所学的基本理论和基本观点的验证，并把它们消化、吸收和内化为自己的世界观，达到对高校思想政治理论课基本理论、基本原理的实践应用要求，从而树立马克思主义认识世界和改造世界的基本立场、观点和方法的教育教学过程"[1]。这个提法，比较系统准确地把握了高校思想政治理论课实践教学的内涵与外延，具有较强的实践指导意义。

高校思想政治理论课课程体系中的"中华人民共和国史"课程，在教学过程中，坚持

---

[1] 戴钢书等：《高校思想政治理论课实践教学论》，中国人民大学出版社2015年版，第9页。

理论性与实践性相统一，加强实践教学环节的设计，可以有效提升教学效果。

首先，开展实践教学是深化高校思想政治理论课改革创新的实践需求。实践教学可以有效激发学生的学习兴趣，促进教材体系向教学体系转化，推动用好各种教学资源，切实提升教学效果。开展实践教学是新时代高校思想政治理论课高质量发展和改革创新的有效手段，是提升思想政治理论课思想性、理论性和亲和力、针对性的现实要求。作为高校思想政治理论课课程体系组成部分的"中华人民共和国史"课程，一样需要充分发挥实践教学的优势，切实提升教学效果。

其次，开展实践教学是对"中华人民共和国史"课堂教学的有效延伸和补充。近年来，尽管在课堂教学的创新方面，学界和思想政治理论课教师都进行了卓有成效的探索，并取得了显著成效，但是在有效地将学生的书本知识与实践能力结合起来这个方面，仍然存在不小的进步空间。实践教学可以更加有效地促进"中华人民共和国史"教材体系向教学体系转化，丰富历史知识吸收与转化的途径，使学生在主动参与的过程中走进新中国的历史，特别是本乡本土的发展历程与现状，更鲜活真实地在贴近历史与现实中深入理解中华人民共和国史的主流、主线和所得出的基本结论。

最后，开展实践教学是深入达成"中华人民共和国史"教学目标，完善教学模式的有效手段。实践教学通过调动学生的积极性，发挥学生的创意和主动性，把课程学习中收获的理论认识转化为系统认识和处理各种现实问题的能力。实践教学可以检验学生学习的效果，也可以从学生的反馈中检测教学效果，切实增强教学动力和活力机制。开展实践教学是新时代高校思想政治理论课反馈教学效果的有效途径和创新路径。通过实践教学成果和经验互鉴、成果交流等环节，可以有效增进学生参与式学习的获得感，促进朋辈之间的交流，增强对课程的认同和学习兴趣，使学生自主地将已具备的理论修养外化为自觉的实践行为，达成知行合一。

三、"中华人民共和国史"课程开展实践教学的基本要素

实践教学作为基于实践的教育理念和教学活动，是在教学过程中构建一种具有教育性、创造性、实践性的，以学生主体活动为主要形式，以激励学生主动参与、主动思考、主动探索为基本特征，以促进学生整体素质全面发展为目的的教育教学观念和教学形式。[1] 因此，在"中华人民共和国史"课程中开展实践教学，也应当坚持从历史唯物主义

---

[1] 柳礼泉主编：《大学生思想政治理论课实践教学研究》，湖南大学出版社2006年版，第41页。

出发，以史为纲、史论结合，实事求是地解读和分析中华人民共和国史上的重大事件和人物。坚持将学生作为实践教学的主体，把书本知识与实践教学方案结合起来，立足于教学目标，并不完全脱离课堂环境，主要以实践互动增进学生的参与感，包括课内和课外、校内和校外、学期内和假期等多种方式的有机结合。在教师的指导下，学生以个体或团体的形式独立地参与并形成有创造性的可转化的教学成果，实现师生的有效互动和教学方式的多维融合，从而增强学生的参与程度和有效实施成果转化。

（一）开展实践教学的基本原则

一是提高认识。深刻认识实践教学对"中华人民共和国史"课程的重要意义。一方面是教学组织单位，主要是高校马克思主义学院要提高开展实践教学的认识，从经费投入、制度激励、集体备课等方面为教师开展实践教学提供必要的支持和保障。另一方面是教师要深刻认识有效的实践教学对于提升教学效果、达成教学目标的重要意义，有意识地去探索、挖掘、整合利用各种实践教学资源，在设计整体教学方案时给予足够的课时和教学安排。

二是结合实际。以教材内容为蓝本，结合时政和社会热点问题，设计实践教学专题，做到因时制宜、因地制宜、因校制宜，联系社会发展的现实和本地实际。结合学校所在地的教学资源，着力运用好乡土资源、红色资源、校本资源、地方史料等不同维度的器物、史料等线上线下各种资源，围绕教学目标设计丰富的实践教学环节。同时发动学生进一步发掘自己家乡的相关资源，开展比较、深化认识。

三是互动交流。坚持教师主导和学生主体地位相统一，增进师生间、生生间及校园与社会之间的互动交流。教师要深入挖掘能够配合教材内容的实践教学资源，从客观实际出发，将书本知识和当前发展的实际有机结合，鼓励学生进行思维探索和理论探讨；要注重联系学生成长实际，在学生主动参与下，由教师进行指导、分析、升华，引导学生分析问题，联系实践和时代特点掌握并理解"中华人民共和国史"课程的知识体系和教学目标。

四是便捷可行。实践教学要注重创新性、参与性，更须注重可操作性、便捷可行，教师能够在实践教学中积极发挥主导作用，学生能够在实践教学中实现有效参与，同时也要考虑设备、交通、食宿安全等现实约束，特别是走向社会开展的实践教学，要把可实现性置于首要考虑的方位。

五是成果转化。要特别注重实践教学成果向课堂教学的转化，形成两者的良性互动。学生在实践教学中考察、调研的成果，制作的小视频、微录（Vlog）等可视性作品，都可以并且应该转化为课堂教学的新资源，这种转化对形成课堂教学与实践教学有效互动、丰富教学形式和提升教学效果具有重要的价值。

（二）实践教学的不同适用环境

需要注意的是，实践教学不完全等同于社会实践。也就是说，实践教学不是天然地同课堂教学相对立的、在课堂之外的教学活动。在课堂环境、校园环境中同样可以开展有效的实践教学。应当把课堂、校园和社会三者融合起来，综合采用具有体验性、参与性、创造性、研究性特点的实践教学，提升"中华人民共和国史"课程的育人成效。

1. 课堂实践教学

立足课堂环境的实践教学环节，目的在于丰富课堂教学手段，提升课堂参与度。课堂实践教学可以采用比较简单的形式来调动学生的积极性，是教师可以经常采用的方式。课堂实践教学可以通过设计情境教学，特别是运用近年来蓬勃发展的虚拟仿真技术，也可以设计角色扮演等互动交流环节，通过模拟各种场景和情境，使学生获得身临其境的体验。另外，专题研讨也是课堂实践教学的一种形式，比较适合人数较少和学生具备一定理论水平的课堂环境。当然，做好有深度的专题研讨需要师生进行大量的课下准备工作，否则容易泛泛而谈。分组研讨和展示也是经常采用的课堂实践教学方式，但容易形成展示者与其他学生的脱节，如何使其他学生与展示者形成有效的沟通，这是教师需要注意的问题。

2. 校园实践教学

在校园文化活动中融入实践教学环节，需要任课教师主动作为、发挥优势、促成育人合力。任课教师可以和学生工作部门、共青团开展合作，以迎庆一些重要时间节点的主题活动为契机，或以本校的校园文化特色为主旨，结合"中华人民共和国史"的教学目标，灵活设计实践教学方案并注重加强成果转化。校园实践教学环节往往与校园文化活动紧密结合在一起，这就要求任课教师要在校园环境的实践教学中坚持主导地位，使这类活动能够对标课程的教学目标，提升育人效果。要坚决避免沦为活动的"配角"。

3. 社会实践教学

走进社会是实践教学的显著优势，特别是利用假期开展的集中实践教学，学生的参与感显著提升，可以通过参观访问、志愿服务、社会调查、理论宣讲等多种形式，师生在共同参与的实践过程中能够深入交流，鲜活的社会现实、基层的重要变迁、干部群众的访谈交流等都是最直接、最生动的教材。在走向社会的实践教学中，能够实地体验新中国伟大社会革命的成就和历史的变迁，学生能够直面问题，在与教师和调研访谈对象的深入交流中深化教学成果。特别是针对"中华人民共和国史"而言，全国各地都有丰富的历史遗存，都在新时代中国特色社会主义伟大事业中接续奋斗，这就给各地各高校创造了就近开展社会实践教学的有利条件，也使这种走出校门的社会实践不拘泥于寒暑假而在教学学期中就具备了开展的便利条件。讲授"中华人民共和国史"课程的教师应该加强教学整体设计，使社会实践教学与校园内的实践教学统筹起来，形成有针对性的整体实践教学方案。

（三）开展实践教学的可选方式

在开展实践教学的过程中，除了一些基本的方式以外，还可以采用其他方式，提高学生的参与兴趣，提升成果转化效率。

口述历史人物访谈。基于亲历者的口述史料能够多维地反映社会、政治、经济、文化、民生、战争等不同面貌，丰富新中国的史料内容，提供一种全新的观照历史、反思历史的角度。对目标人物的口述访谈，能够使学生亲身体会亲历者的个人经历，进一步培养他们的历史感、认同感，并激发他们的情感共鸣。口述访谈需要对受访人进行系统、全面的口述访谈，形成较为完整、丰富的口述史料。同时，采集受访人日常生活、工作状态以及社会活动的照片、音频、视频资料，还须考虑对与受访者口述内容相关的其他人员进行访谈。此外，还要注重其他素材的采集，如与受访人相关的照片、出版物（包括非正式出版物）、日记、信件、手稿、笔记、证书、奖章等（图0-1）。

图 0-1　奖章

影视经典赏析。现代多媒体教学已成为高校教学中不可或缺的手段。由于"中华人民共和国史"课程在时间和空间上都表现出极大的跨度，通过引入影视片段（图 0-2），从学理角度辨析其中的历史事件，调动学生视觉、听觉和思维的共同参与，使学生深入、全面、系统地掌握"中华人民共和国史"的理论知识，进而提高"中华人民共和国史"课程的教学质量。同时，教师要进行必要的讲述，与学生的思想进行交流和沟通，也要避免课堂出现泛娱乐化倾向。

图 0-2 《厉害了，我的国》宣传海报

短视频制作。随着今日头条、西瓜视频、抖音、微信视频号等短视频成为新媒体传播的重要方式，"剪映"等视频剪辑软件广为使用，可视化阅读也成为青年学生获取信息的重要渠道，因此精心设计选题，组织学生制作短视频，是当今实践教学的可能选项（图 0-3）。短视频制作简便，利于传播和推广，有利于激发学生的兴趣。教师要指导学生选好题目。教师应当结合教学主题和实践教学方案，提出大的选题方向。然后指导学生本着"以小见大"的原则，从小切口辐射大选题，引导学生搜集各类相关素材，在素材允许的情况下尽量深入主题。同时指导学生撰写文案，把握文案和选取图片、音视频素材的准确性和贴合程度。在完成对短视频的审核把关后推送至互联网，提升作品的覆盖面。还可以引导学生互评，遴选优秀作品。

图 0-3 "我身边的红色故事"短视频大赛

讲好国史故事。除了常规的个人或多人宣讲形式外,还可通过情景剧、朗诵、课堂展示、角色扮演等方式再现历史场景,讲述中国共产党的故事、新中国的故事、改革开放和社会主义现代化建设的故事,引导学生永远跟党走、奋进新时代(图 0-4)。

图 0-4　话剧

第一章

中华人民共和国的诞生和社会主义制度的确立
（1949—1956）

一、内容聚焦

本章概述了新中国成立初期在政治、经济、文化、社会、外交等方面的探索及伟大成就。主要内容分为两个部分：一是中华人民共和国的诞生，二是社会主义制度的确立。

（一）中华人民共和国的成立

新民主主义革命的胜利为新中国的诞生奠定了基础。军事上，中国共产党经过辽沈、淮海、平津战役的战略决战，歼灭了国民党在长江以北的主力部队。1949年4月21日毛泽东主席和朱德总司令发出《向全国进军的命令》，人民解放军横渡长江。同月23日国民党反动统治宣告崩溃，随后人民解放军占领了大部分地区。政治上，随着解放区逐步扩大，各地建立起人民政府，工农联盟的巩固和中国共产党领导的人民民主统一战线的逐步扩大，为新中国的成立奠定了政治基础和组织基础。经济上，土地改革、农村生产力得到解放、农民生产积极性得到提高等。国际上，世界民族解放运动蓬勃兴起，为新中国的成立提供了有利的国际环境。中国人民政治协商会议第一届全体会议的召开与《中国人民政治协商会议共同纲领》（以下简称《共同纲领》）的制定，为新中国的成立奠定了组织与制度基础。《共同纲领》对新中国的国体、政体以及各方面政策作出明确规定，这是中华人民共和国宪法颁布之前中央人民政府施政方针和一切党派、人民团体和个人行动必须共同遵守的准则。随后，开国大典的举行、中央人民政府机构的组建，开辟了中华民族历史新纪元。

中华人民共和国的成立，标志着中国近代以来无数仁人志士为之奋斗的民族独立、人民解放历史任务的基本完成，为实现国家繁荣富强、人民共同富裕的历史创造了必要的前提，其历史意义重大而深远。第一，结束了帝国主义、殖民主义势力压迫中国、奴役中国人民的历史，真正实现了人民独立，一洗百年来蒙受的耻辱，鼓舞和振奋了民族精神；第二，结束了旧中国一盘散沙的局面，是中国从衰败走向富裕的转折点；第三，结束了极少数剥削者统治广大人民的历史，建立起了工人阶级领导的、以工农联盟为基础的人民民主专政的国家政权，一个真正属于人民的共和国从此建立起来；第四，极大地增强了维护世界和平的力量。

（二）民主革命任务的完成和新生人民政权的巩固

中国大陆的统一和各级人民政权的建立。1949年10月1日，朱德发布了"迅速肃清国民党反动军队的残余，解放一切尚未解放的国土"的命令。1949年10月14日，广州解放；11月6日，解放军歼灭白崇禧集团，解放了广西全境；12月10日，蒋介石见大势已去逃往台湾。1950年6月，除西藏、台湾和少数几个岛屿外，全部中国领土得以解放。1951年5月23日，《中央人民政府和西藏地方政府关于和平解放西藏办法的协议》在北京正式签署，10月26日人民解放军进驻拉萨，西藏和平解放。

在中国大陆统一的过程中，地方各级政权也逐步建立起来。1949年12月到1950年12月，中央人民政府先后制定省、市、县和区、乡人民代表会议组织通则与人民政府组织通则等。新中国成立初期，对旧的行政区域、基层建制进行了调整，如废除了旧中国的保甲制度等，初步形成了上下贯通、集中高效、便于发挥高度组织动员功能的国家行政体系。

没收官僚资本主义，建立国营经济。根据官僚资本企业的经济属性，中国共产党在总结东北、华北接管城市经验的基础上，于1949年1月15日发布《关于接收官僚资本企业的指示》。4月25日，中国人民革命军事委员会颁布《中国人民解放军布告》。1951年1月，中央人民政府政务院制定《企业中公股公产清理办法》。2月4日，政务院发布《关于没收战犯、汉奸、官僚资本家及反革命分子财产的指示》，进一步明确了没收官僚资本的范围和具体做法。通过没收官僚资本，建立国营经济，国家掌握了国民经济命脉。据统计，1949年的国营工业（包括合作社工业）固定资产占全部工业（包括工场手工业）的80.7%；拥有全国电力产量的58%、原煤产量的68%、生铁产量的92%、钢产量的97%、机器及机器零件生产的48%和棉纱的49%；还掌握了全国的铁路和其他大部分近代化交通运输事业以及大部分银行业务和对外贸易。社会主义性质的国营经济的建立，为人民民主专政的国家政权奠定了经济基础，决定着中国经济的性质和发展方向，为中国从新民主主义向社会主义的转变奠定了重要的物质基础，也为进行大规模经济建设和社会主义改造创造了物质前提。

清除匪患与镇压反革命运动。新中国成立初期，根据"除恶务尽，不留后患"的方针进行了大规模剿匪活动，稳定了社会秩序，保护了人民群众的生命财产安全，还针对各地潜伏的国民党特务等进行了镇压反革命运动。1950年7月23日，中央人民政府政务院和最高人民法院联合发出《关于镇压反革命活动的指示》。1951年1月17日，毛泽东在给各中央局负责人的电报中进一步阐发了"稳、准、狠"的镇反方针。12月21日，中央人民政府颁布了《中华人民共和国惩治反革命条例》。镇压反革命运动，是在新中国成立之初敌我矛盾还很突出的条件下进行的一场尖锐的对敌斗争，基本上肃清了曾经猖獗一时的反革命活动。

进行土地改革，废除封建土地制度。《共同纲领》明确规定："凡已实行土地改革的地区，必须保护农民已得土地的所有权"，凡是没有实行土地改革的地区，必须"有步骤地将封建半封建的土地所有制改变为农民的土地所有制"。1950年6月，在中共七届三中全会上，刘少奇作了《关于土地改革问题》的报告，阐明了新解放区土地改革的政策和部署，提出土改总路线是："依靠贫农、雇农，团结中农，中立富农，有步骤地分别消灭封建剥削制度，发展农业生产。"6月14日至23日，全国政协一届二次会议在北京召开，审议讨论《中华人民共和国土地改革法（草案）》。28日，中央人民政府委员会第八次会议通过《中华人民共和国土地改革法（草案）》。30日，毛泽东签署命令，正式颁布《中华人民共和国土地改革法》（图1-1），作为在全国新解放区实行土地改革的法律依据。

图1-1 《中华人民共和国土地改革法》宣布

进行民主改革，清除旧社会毒瘤。1951年11月，中共中央发出《关于清理厂矿交通等企业中的反革命分子和在这些企业中开展民主改革的指示》，调动了广大工人群众当家作主、搞好生产的积极性，提高了企业的生产能力和生产效率。

改革封建婚姻制度，颁布《中华人民共和国婚姻法》《中华人民共和国婚姻条例》，为新中国成立后婚姻制度改革奠定了基础。1950年4月30日，毛泽东主席签发命令公布《中华人民共和国婚姻法》，自5月1日起施行（图1-2）。这是新中国成立后制定的第一部基本法律。1949年11月21日，北京市第二届各界人民代表会议率先通过决议，封闭一切妓院，集中审讯处理所有妓院老板、领家、鸨儿等，对妓女进行思想改造、帮助其重新从事生产。1950年2月24日，政务院发布严禁鸦片烟毒的通令。此外，政府还开展了严禁赌博活动的斗争。

图 1-2 《中华人民共和国婚姻法》公布

抗美援朝,保家卫国。这场战争的胜利,具有重大而深远的意义。第一,戳穿了美帝国主义不可战胜的神话,打出了新中国的国威、军威,极大地提高了中国人民的民族自信心和民族自豪感,提高了中国共产党在全国人民心目中的威信,使得中国的社会动员能力和组织能力得到空前增强。第二,提高了中国的国际威望,维护了亚洲和世界和平,使得美国不得不重新估计中国在亚洲和世界事务中的地位和分量,使得中国东北边疆得到巩固,中国经济建设和社会改革获得了长期相对稳定的和平环境。第三,促进了中国人民军队正规化、现代化建设,中国人民志愿军在敌我双方经济力量和军队武器装备对比悬殊、极不对称的情况下,经受住了现代战争的洗礼,军队和国防建设也进入一个新的发展阶段。第四,涌现出杨根思、黄继光、邱少云、罗盛教等30多万名英雄功臣和近6000个功臣集体。这些先进个人和集体所表现出来的不畏强暴、威武不屈、敢于斗争、勇于奉献的爱国主义和国际主义精神,是中国人民的宝贵精神财富,成为中国人民恢复和发展国民经济、推动各项社会改革的巨大动力。

(三)国民经济的迅速恢复

稳定物价与统一财经工作,打赢"银元之战"与"米棉之战"。在各级政府机关和人民群众的共同努力下,统一财政经济工作很快取得明显成效,全国财政经济状况明显好转。从财政收支看，1950年全年财政收入65.2亿元，支出68.1亿元，当年财政收支接近平衡。从全国物价来看，全国主要商品批发价格指数以1950年3月为基数，4月降到75.1%，下半年虽受朝鲜战争的影响物价稍有波动，但到12月仍维持在85.4%的水平，物价基本保持平衡。至此，通货持续膨胀、物价不断上涨的历史宣告结束。

"不要四面出击"的战略方针。这是新形势下在对国内和统一战线内部的阶级关系进行新的分析的基础上提出的。这一方针从战略高度划清了敌友界限，孤立了少数敌人、团结了绝大多数群众，对于团结一切可以团结的力量，争取国家财经状况的根本好转，进而实现国民经济的全面恢复和发展具有重要意义。

通过调整公私关系、劳资关系、产销关系等，合理调整工商业。通过"三反""五反"运动，揭露了党和国家工作人员的受贿案件，揭露了大量资本家偷税漏税等不法行为。从1949年10月到1952年底，三年的努力使得国民经济迅速恢复。

（四）过渡时期总路线的提出和社会主义基本经济制度的建立

过渡时期总路线的核心是"一化三改"与"一体两翼"。它的主体任务是逐步实现社会主义工业化，两翼是指对个体农业、手工业的社会主义改造和对资本主义工商业的社会主义改造。主体和两翼是不可分离的整体。一方面，实现社会主义工业化，是国家独立和富强的当然要求和必要条件。新中国成立时，中国工业发展十分落后，不改变这种落后状况，就不能摆脱被动挨打的命运。另一方面，为了实现社会主义工业化，也必须对个体经济和私营企业进行社会主义改造。

"一五"计划的编制和实施，较好地解决了中国经济建设中的几个重大关系问题：一是关于优先发展重工业和相应地发展农业、轻工业、交通运输业的关系；二是关于经济发展的布局，规定国家在内地安排的基本建设占全国投资额的一半以上；三是建设速度要兼顾规模、速度和效益。"一五"计划鼓舞了广大职工以主人翁的姿态投入生产运动。"一五"计划期间，在苏联的援助下大批基础重点工程的建设奠定了国家工业化的基础。

从中国实际出发，通过逐步过渡的形式，对农业、手工业和资本主义工商业进行社会主义改造。通过从低级到高级的逐步过渡形式，即通过互助组、初级社到高级社的过渡形式改造个体农业；通过由小到大、从低级到高级的逐步过渡形式改造手工业；通过加工订货、统购包销、经销代销、公私合营、全行业公私合营的国家资本主义的过渡形式改造资本主义工商业。逐步过渡的形式，使被改造者逐渐适应新的社会经济制度，避免因生产关系突然改变而造成对生产力的破坏，保障了社会秩序的稳步和谐运行。

(五)社会主义政治制度的确立和发展

1953年1月,中央人民政府委员会审议通过《关于召开全国人民代表大会及地方各级人民代表大会的决议》,决定召开由人民选举产生的乡、县、省(市)各级人民代表大会,并在此基础上召开全国人民代表大会,制定宪法。会议成立以毛泽东为主席的33人宪法起草委员会,以周恩来为主席的24人选举法起草委员会,分别负责起草宪法和选举法。同年2月,中央人民政府委员会审议通过了《中华人民共和国全国人民代表大会及地方各级人民代表大会选举法》,并于3月1日公布施行。

1954年9月15日至28日,第一届全国人民代表大会第一次会议在北京举行。会议选举毛泽东为中华人民共和国主席,朱德为副主席;刘少奇为中华人民共和国第一届全国人民代表大会常委会委员长,宋庆龄等13人为副委员长;董必武为最高人民法院院长,张鼎丞为最高人民检察院检察长。大会决定周恩来为国务院总理,陈云等10人为国务院副总理。国家领导机构的建立,为社会主义革命和社会主义建设的顺利进行提供了重要的组织保障。

第一届全国人民代表大会第一次会议的召开(图1-3),标志着人民代表大会制度作为新中国根本政治制度的正式确立,是中国政治制度的一次伟大变革。从反动统治者专制独裁到人民民主政治,到社会主义民主政治,中国共产党领导中国人民长期为之奋斗的民主制度从此建立在更加稳固的基础上。这一根本政治制度的确立,为国家的政治民主化进程确定了一种新型政权组织形式和民主程序,为实现人民当家作主提供了根本保证。

图1-3 第一届全国人民代表大会第一次会议

第一届全国人民代表大会第一次会议通过的《中华人民共和国宪法》，内容包括"序言""总纲""国家机构""公民的基本权利和义务""国旗、国徽、首都"四章。1954年宪法是在新中国从新民主主义向社会主义过渡时期制定和颁布的第一部宪法，以社会主义原则和人民民主原则为基本原则，是一部社会主义类型、体现人民民主的宪法（图1-4）。1954年宪法在总结新民主主义革命历史经验和社会主义改造与社会主义建设经验的基础上，规定了国家在过渡时期的总任务，确定了建设社会主义制度的道路和目标，确定了适合中国国情的国体和政体，同时比较完整地规定了公民的基本权利和义务。1954年宪法的制定和颁布，对巩固人民民主专政政权、促进社会主义经济发展、团结全国各民族人民进行社会主义革命和建设，发挥了积极的推动作用和保障作用。中国共产党领导确立的多党合作和政治协商制度、民族区域自治制度、国防现代化和军队正规化举措等，共同保障了国家统一和民族团结。

图1-4　1954年国庆节，游行群众抬着宪法模型通过天安门

（六）文教科技卫生等事业的建设和进步

围绕过渡时期总路线，在全党和全国人民中开展对马克思列宁主义理论和社会主义思想的学习、宣传和教育活动，明确了在党和国家各项工作中加强思想工作的重要性。通

过参加各种形式的学习活动，对知识分子进行思想改造运动，开展批评与自我批评教育，在思想上清除封建残余的帝国主义、封建买办阶级思想以及资产阶级思想、唯心主义观念，初步接受马克思主义世界观。重视科研，大力培养新生的科研力量；做好卫生防疫，形成中西医相互合作、取长补短的良好局面；实行节制生育政策；鼓励"百花齐放"的文艺事业发展等。

新中国成立后，中国共产党作为执政党十分重视自身建设。通过整风整党运动，尤其是经过"三反"运动和各项民主改革的洗礼，各级干部公正廉洁，密切联系人民群众，全心全意为人民服务的宗旨意识进一步提高，艰苦朴素、纪律严明，深得人民群众的信赖和拥护。婚姻观念发生重大变化，婚丧嫁娶的意识和行动除旧布新，消除黄、毒、赌现象，打击违法犯罪行为，这些都极大地净化了社会风气，营造了良好的社会氛围（图1-5）。

图1-5　共和国反腐第一案：刘青山、张子善伏法

（七）新中国外交基础的奠定

国际上，以美国为首的资本主义国家对新中国采取经济封锁、外交孤立、军事包围和威胁的敌对政策；第二次世界大战后一系列国家走上了人民民主道路，形成了社会主义阵营；广大的亚非拉国家纷纷走上独立自主的道路。在国内，新中国成立是中国能够执行独立自主外交的前提。政权亟待巩固，经济亟待恢复，需要创造和平的建设环境，进而能够在国际舞台上发挥重要作用，树立新中国的国际形象。

新中国成立初期，我国外交的首要任务是：彻底摧毁帝国主义对中国的控制，恢复国家的独立和主权。为此，提出了"另起炉灶""打扫干净屋子再请客""一边倒"三条方针。"另起炉灶"，就是同旧中国的屈辱外交彻底决裂，不承认旧中国同其他国家建立的外交关系，要在新的基础上同世界各国建立新的外交关系；"打扫干净屋子再请客"，就是要在彻底清除旧中国遗留下来的帝国主义在华特权和残余势力之后，再请客人进来，以免敌对者"钻进来"捣乱；"一边倒"，即倒向社会主义一边。"联合世界上以平等待我的民族和人民，共同奋斗。这就是联合苏联，联合各人民民主国家，联合其他各国的无产阶级和广大人民，结成国际统一战线"，反对帝国主义的侵略政策和战争政策。

我国外交方面的成就主要有：新中国成立第一年就与17个国家建立了外交关系，也就是说17个国家承认中华人民共和国为唯一的合法主权国家。提出和平共处五项原则，不仅成为中印之间的国家准则，也成为国家之间的基本准则，反映了我国外交政策的成熟。日内瓦会议凸显了我国作为世界大国的地位。万隆会议提出的"求同存异"主张，成为"万隆精神"的核心。

通过本章的学习，在知识层面上，引导学生深入了解从1949年10月1日中华人民共和国成立到1956年社会主义改造基本完成的历史。在这一时期，中国相继实现了从半殖民地半封建社会到民族独立、人民当家作主的新社会，从新民主主义到社会主义的两个历史性转变。新中国成立后，各族人民在中国共产党领导下，确立人民民主专政的国家制度、巩固新生政权、完成各项民主改革、全面恢复国民经济，并取得抗美援朝战争的重大胜利，为向社会主义过渡准备了条件。随后，以过渡时期总路线为指针，中国开始实行有计划的经济建设和对生产资料私有制的社会主义改造。到1956年，提前完成第一个五年计划的主要指标，基本完成对农业、手工业和资本主义工商业的社会主义改造，社会主义制度在中国大陆建立起来。新中国的成立、社会主义制度的建立，为当代中国一切发展进步奠定了根本政治前提和制度基础。

在价值层面上，培育大学生形成科学的世界观、人生观和价值观，养成乐观向上、昂扬奋斗的学习状态；增强以爱国主义为核心的民族精神和以改革创新为核心的时代精神，为实现中华民族伟大复兴的历史全局不懈奋斗；培养学生系统、全面、全局、整体地看待问题，坚持实事求是的科学态度，树立大历史观，正确认识历史事件、历史人物。

在政治认同层面上，引导学生坚定政治立场，始终坚持以人民为中心，要站得高、看得远，对新中国成立以来的战略、方针、政策以及具体实践发自内心地认同。首先是对中国共产党领导的认同，从1949年到1956年这段历史就是中国共产党领导人民真正站起来的历史，从此人民扬眉吐气。然后是对社会主义的认同，"三大改造"的顺利完成，奠定了我国社会主义制度的基础。"社会主义没有辜负中国"，社会主义使中国得以大踏步地赶上时代。

二、知识要点

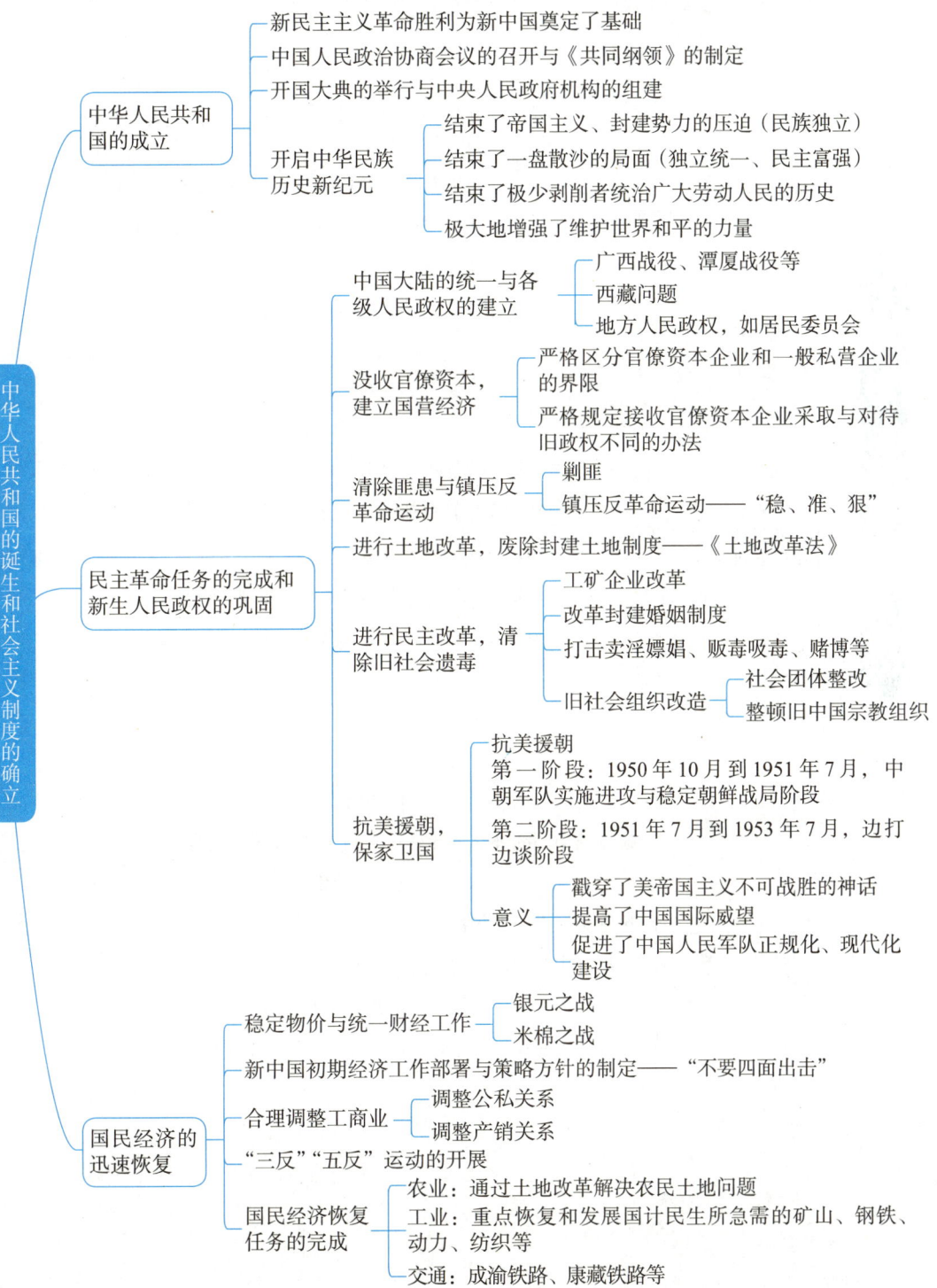

中华人民共和国的诞生和社会主义制度的确立
- 中华人民共和国的成立
  - 新民主主义革命胜利为新中国奠定了基础
  - 中国人民政治协商会议的召开与《共同纲领》的制定
  - 开国大典的举行与中央人民政府机构的组建
  - 开启中华民族历史新纪元
    - 结束了帝国主义、封建势力的压迫（民族独立）
    - 结束了一盘散沙的局面（独立统一、民主富强）
    - 结束了极少剥削者统治广大劳动人民的历史
    - 极大地增强了维护世界和平的力量
- 民主革命任务的完成和新生人民政权的巩固
  - 中国大陆的统一与各级人民政权的建立
    - 广西战役、滇厦战役等
    - 西藏问题
    - 地方人民政权，如居民委员会
  - 没收官僚资本，建立国营经济
    - 严格区分官僚资本企业和一般私营企业的界限
    - 严格规定接收官僚资本企业采取与对待旧政权不同的办法
  - 清除匪患与镇压反革命运动
    - 剿匪
    - 镇压反革命运动——"稳、准、狠"
  - 进行土地改革，废除封建土地制度——《土地改革法》
  - 进行民主改革，清除旧社会遗毒
    - 工矿企业改革
    - 改革封建婚姻制度
    - 打击卖淫嫖娼、贩毒吸毒、赌博等
    - 旧社会组织改造
      - 社会团体整改
      - 整顿旧中国宗教组织
  - 抗美援朝，保家卫国
    - 抗美援朝
    - 第一阶段：1950年10月到1951年7月，中朝军队实施进攻与稳定朝鲜战局阶段
    - 第二阶段：1951年7月到1953年7月，边打边谈阶段
    - 意义
      - 戳穿了美帝国主义不可战胜的神话
      - 提高了中国国际威望
      - 促进了中国人民军队正规化、现代化建设
- 国民经济的迅速恢复
  - 稳定物价与统一财经工作
    - 银元之战
    - 米棉之战
  - 新中国初期经济工作部署与策略方针的制定——"不要四面出击"
  - 合理调整工商业
    - 调整公私关系
    - 调整产销关系
  - "三反""五反"运动的开展
  - 国民经济恢复任务的完成
    - 农业：通过土地改革解决农民土地问题
    - 工业：重点恢复和发展国计民生所急需的矿山、钢铁、动力、纺织等
    - 交通：成渝铁路、康藏铁路等

中华人民共和国的诞生和社会主义制度的确立

- **过渡时期总路线的提出和社会主义基本经济制度的建立**
  - 过渡时期总路线的提出——"一化三改""一体两翼"
  - "一五"计划的实施与社会主义工业化的起步
  - 农业、手工业、资本主义工商业的社会主义改造
  - 社会主义基本经济制度的确立

- **社会主义政治制度的确立和发展**
  - 一届全国人大一次会议召开，人民代表大会制度正式实行
  - 《中华人民共和国宪法》的制定及颁布施行
  - 中国共产党领导的多党合作和政治协商制度的发展
  - 民族区域自治制度的实施
  - 国防现代化与军队正规化建设

- **文教科技卫生等事业的建设和进步**
  - 开展马克思主义思想教育
  - 新型文化教育制度的建设
  - 知识分子的思想改造
  - 科技、卫生、文艺与其他社会事业建设
  - 新社会的精神风貌和社会风气

- **新中国外交基础的奠定**
  - 确立新中国的外交方针
    - "另起炉灶"
    - "打扫干净屋子再请客"
    - "一边倒"
  - 废除帝国主义在华特权
  - 缔结《中苏友好同盟互助条约》
  - 出席日内瓦会议，倡导和平共处五项原则
  - 倡导"求同存异"原则，推动万隆会议取得成功

三、实践资源

（一）场馆

（1）西柏坡中共中央旧址：坐落于河北省石家庄市平山县西柏坡镇西柏坡村。1948年9月，中共中央在此召开九月会议，毛泽东、周恩来、朱德等在这里指挥了辽沈、淮海、平津三大战役。西柏坡中共中央旧址见证了中国共产党无产阶级革命家为新中国诞生谱写的光辉历史。

（2）香山革命纪念馆：位于北京香山。纪念馆内《为新中国奠基——中共中央在香山》主题展览，通过约800张图片、报照、地图、表格和1200多件实物、文献和档案，全景式呈现中共中央在香山期间领导全国各族人民，完成民族独立和人民解放的历史使命，开启中国历史发展新纪元的光辉历程。

（3）北京天安门和人民英雄纪念碑：1949年10月1日，新中国举行盛大的开国大典。毛泽东率领党、政、军和各民主党派、群众团体的负责人登上天安门城楼，向全世界宣告中华人民共和国成立。

1949年9月30日，中国人民政治协商会议第一届全体会议决定，为了纪念在人民解放战争和人民革命中牺牲的人民英雄，在首都北京建立人民英雄纪念碑。人民英雄纪念碑1949年9月30日奠基，1952年8月1日开工，1958年4月22日建成。

（4）棠下农业合作社旧址：位于广州市天河区棠下街棠下村达善大街27号。1954年年初，湛川钟公祠是棠下第一农业社社址，1956年又作为棠下高级农业合作社社址。1958年4月30日，毛泽东主席来到棠下视察，在棠下农业合作社社址与随同的中共广东省委第一书记陶铸、广州市市长朱光接见了棠下社的部分干部，并进行亲切的交谈。毛主席风趣地把这次交谈称为"六级干部会议"（即中央、省、市、区、乡、社六级）。

（5）"五四宪法"历史资料陈列馆："五四宪法"历史资料陈列馆位于浙江省杭州市，于2016年12月4日开馆。陈列馆现有北山街、栖霞岭两个馆区和市民中心青少年展区。北山街馆区所在的北山街84号大院30号楼是毛泽东主席当年在杭州起草宪法时的办公地，展出了《西子湖畔制宪奠基》基本陈列，由序厅、复原陈列和主题陈列三个部分组成，主要讲述"五四宪法"从起草、讨论、通过到实施的全过程，让当年制定宪法的光荣历史从档案中走出来、活起来。栖霞岭馆区位于栖霞岭54号，这里以现行宪法宣传教育为主要内容，设置了《宪法就在我们身边》主题展览，主要讲述什么是宪法、宪法规定了什么、宪法如何实施等问题。青少年展区位于钱江新城市民中心K座，杭州市青少年发展中心一楼，设置了"青少年宪法教育主题展"，以青少年喜闻乐见的形式有机融合了两个馆区的内容，开辟了青少年宪法教育的新阵地和新空间。目前，陈列馆已被命名为全国爱国主义教育示范基地、全国法治宣传教育基地、全国青少年教育基地等，对于开展宪法宣传教育、增强社会主义民主法治意识、推动尊法学法守法用法具有重要意义。

（二）文献

（1）军事科学院军事历史研究部：《抗美援朝战争史》第三卷，军事科学出版社2000年版。

（2）《中国资本主义工商业的社会主义改造》资料丛书中央卷编辑部编：《中国资本主义工商业的社会主义改造·中央卷》，中共党史资料出版社1992年版。

（3）夏海豹等：《致敬五星红旗：国旗设计者曾联松》，中国民族文化出版社2019年版。

（4）郭艳英：《新中国成立初期娼妓改造研究》，人民出版社2016年版。

（5）曹延平：《社会主义三大改造》，新华出版社1990年版。

（三）影视

1.电视剧《换了人间》《东方》《开国》

电视剧《换了人间》讲述了1949—1954年新中国诞生前后的历史风云，以及国共两党在军事、政治、经济、统战等各个领域殊死较量的故事。电视剧《东方》真实地记录了共和国诞生之初国际国内的历史风云，展示了中华人民共和国在1949年10月1日成立至1957年11月7日十月革命胜利40周年那一段特定历史时期政治、军事、经济、外交、文化等多方面的蜕变。电视剧《开国》全景式呈现从1949年到1956年期间，以毛泽东同志为核心的党的第一代中央领导集体，为保卫新中国、建设新中国所作出的一系列重大而艰难的抉择，全面再现新中国开国岁月的风雨历程，为近年来鲜见的描写中华人民共和国成立前后老一辈无产阶级革命家们的丰功伟业及政治风云题材的电视连续剧。

2.纪录片《我们走在大路上》

第1集《新中国诞生》：中华人民共和国的成立是近代以来无数仁人志士奋斗牺牲的结果，是二十八年来中国共产党领导革命战争取得的结果。中共七届二中全会绘制了中华人民共和国的蓝图，提出了"两个务必"。人民解放军百万大军横渡长江，国民党政权宣告覆灭。民主人士汇聚北平共商国是。毛泽东写下《论人民民主专政》，为新的政治协商会议做了理论上的准备。新政协筹备会讨论《共同纲领》，讨论确定国名、国旗、国歌。

中国人民政治协商会议正式通过。1949年10月1日开国大典,由此,开辟了中华民族历史的新纪元。

第2集《敢教日月换新天》：中华人民共和国诞生了,究竟能不能站住脚,能不能迈开大步前进？不破不立,除旧才能布新。上海等城市进行"银元之战""米棉之战",打击不法投机资本；没收官僚资本,废除外国在华经济特权。进行土地改革,废除封建土地所有制,农民第一次成了土地的主人。开展大规模剿匪作战,镇压反革命,扫除黑恶势力。在北京"八大胡同",在全中国,取缔妓院,解放妇女,颁布《中华人民共和国婚姻法》。禁止毒品,铲除邪教,荡涤一切污泥浊水,社会面貌焕然一新。

第3集《大业奠基》：抗美援朝是中华人民共和国开国第一仗,打出了国威和军威,为中华人民共和国的建设创造了有利的国家安全环境。党中央提出"一化三改"的过渡时期总路线。"三大改造"奠定了中华人民共和国的基本经济制度基础。"三条驴腿"的"穷棒子社",代表着亿万农民的前进方向；永安公司成为工商业社会主义改造的典型。第一届全国人民代表大会第一次会议的召开,《中华人民共和国宪法》的通过,确立了中华人民共和国的根本政治制度。1956年,中华人民共和国跨入了社会主义时期。

第4集《起宏图》："一桥飞架南北,天堑变通途",写出了中华人民共和国经济建设的豪迈。从1953年开始,中华人民共和国开始执行第一个五年计划。长春第一汽车制造厂、沈阳飞机制造厂、洛阳拖拉机厂等,在全中国,平均起来每天都有一个项目开工或者竣工。川藏、青藏公路的建成通车,结束了西藏没有现代公路的历史。淮河治理,荆江分洪工程、黄河防洪工程等的建成,中国水患频繁的状况得到初步改变。在新疆,在东北,农垦部队为发展经济、增进民族团结、巩固边防作出了不可磨灭的贡献。青年代表未来,他们像早晨八九点钟的太阳,成为中华人民共和国建设的中坚力量。

3.动漫《那年那兔那些事儿》第1季

《那年那兔那些事儿》是由国内军迷网友逆光飞行创作的国民军普漫画,用漫画的形式诠释了近代世界历史和中国历史的一系列重要事件。

第1集《种花家的崛起》：动漫故事演绎了如下历史：1840年鸦片战争；1900年八国联军侵华（各种不平等条约签订）；1904—1905年日俄战争；1911年辛亥革命；1921年蒋介石发动四一二反革命政变屠杀共产党；1931年日军发动侵华的九一八事变；1937年第二次国共合作抗日；1945年美国投放原子弹、日本投降；1946年解放战争爆发；1949年毛主席登上天安门宣布新中国成立。

第2集《进击的思密达》：演绎了如下历史：1946年丘吉尔发表铁幕演说冷战开始；1950年4月朝鲜单独访问苏联并报告统一朝鲜半岛的计划；1950年6月25日朝鲜战争爆

发；1950年9月15日美军仁川登陆反攻朝鲜军队先头部队推进至中朝边境鸭绿江；1950年10月3日朴一禹将金日成的求援信呈给毛主席；1950年10月19日彭德怀率军渡江。

第3集《寒冬中的冲锋号》：演绎了如下历史：1950年10月21日彭德怀与金日成在朝鲜大洞会面；早在1950年9月15日中国政府已经警告过美国不得越过"三八线"，随后在1950年10月25日中央政府下达了将美帝国主义为首的军队赶至"三八线"以南地区的作战命令；1950年10月到11月第一次战役打击了"联合国军"的嚣张气焰；1950年11月到12月长津湖战役我军冻死冻伤3万多人最终取得胜利。

第4集《英雄当归》："青山埋忠骨，马革裹尸还，公辞六十载，今夕请当归。"本集演绎了如下历史：1951—1952年志愿军和美军在"三八线"附近反复拉锯，1952年10月上甘岭战役爆发，美军称之为"摊牌"行动，并最终以美军失败告终；志愿军在朝鲜战争中后勤补给困难，冷炒面+白雪（朝鲜寒冷）是经常见到的，但在这样的条件下依然把美军为首的"联合国军"打回了"三八线"；2015年志愿军遗骸归国。

四、实施案例

（一）模拟政协会议讨论确定国旗

教学主题

模拟1949年全国人民政治协商会议，讨论设计国旗。

知识背景

随着全国解放战争取得决定性胜利，1949年3月，中共七届二中全会批准了召开新政治协商会议及成立民主联合政府的建议。6月15日，新政协筹备会第一次全体会议在北平召开。6月16日至9月20日，新政协筹备会常委会先后在中南海勤政殿召开了8次会议。常委会对政协共同纲领、政协组织法和政协代表名单等问题进行反复讨论并作出决定。

1949年6月16日，新政协筹备会决定成立国旗、国徽图案初选委员会，并于同年7月14日至8月15日在《人民日报》等报纸上发表征求启事。1949年7月，由上海"现代经济通讯社"曾联松设计的"红地五星旗"参与评选（图1-6）。1949年9月，中国人民政治协商会议第一届全体会议期间,初选委员会从收到的近 3000 幅图案中精选了 38 幅印发提交全体代表讨论。曾联松(图 1-7)设计的红地五星旗是其中的 32 号作品。从全国各地近 3000 件作品中经两次精细筛选后选出。原方案中大五星中央镶有镰刀与锤子,一些人认为与苏联国旗类似,中国作为主权国家应拥有独特易识别的国旗图案。经几番考虑后决定舍弃镰刀与锤子的图案,将设计改名为五星红旗。

图 1-6 曾联松设计的国旗旗稿

图 1-7 国旗设计者曾联松

关于国旗的问题，毛泽东同志指出，五星红旗这个图案表现革命人民大团结，将来也要大团结，因此，现在也好、将来也好，又是团结、又是革命。1949年9月27日，全国政协第一届全体会议上通过的《关于中华人民共和国国都、纪年、国歌、国旗的决议》中，第四点规定："全体一致通过：中华人民共和国的国旗为红地五星旗，象征中国革命人民大团结。"

中国人民政治协商会议《关于中华人民共和国国都、纪年、国歌、国旗的决议》和政协主席团通过的制旗办法规定：中华人民共和国国旗为五星红旗，长方形，红色象征革命，其长与高为三与二之比；旗面左上方缀黄色五角星五颗，象征共产党领导下的革命人民大团结，星用黄色象征红色大地上呈现光明。一星较大，其外接圆直径为旗高十分之三，居左；四星较小，其外接圆直径为旗高十分之一，环拱于大星之右侧，并各有一个角尖正对大星的中心点，表达亿万人民心向伟大的中国共产党，如似众星拱北辰。旗杆套为白色，以与旗面的红色相区别。

1949年10月1日开国大典上，第一面中华人民共和国国旗——五星红旗由毛泽东主席在天安门广场首次升起（图1-8）。

1954年《中华人民共和国宪法》第一百零四条规定："中华人民共和国国旗是五星红旗。"以后，历次宪法均保留这个规定。

1990年6月28日，中华人民共和国第七届全国人民代表大会常务委员会第十四次会议通过了《中华人民共和国国旗法》，并由中华人民共和国国家主席以主席令的方式予以公布，自1990年10月1日起施行。

为维护国旗的尊严，国家发布《国旗》和《国旗颜色标准样品》两项国家标准，规定了国旗的形状、颜色、图案、制版定位、通用尺寸、染色牢度等技术要求，并宣布于1991年12月1日起正式实施。

图1-8 第一面五星红旗在天安门广场升起

适用环境

课堂环境。

实践设计

步骤一：工具准备。布或纸（红色和白色）、马克笔或其他颜色彩笔。

步骤二：教师导入。介绍1949年全国政协会议召开的背景，划分小组或使用教学班级既有小组，安排设计环节和讨论过程。

步骤三：小组商讨。设计国旗样式及其所代表的含义。

步骤四：代表发言。各小组派代表讲解设计的国旗图案。

步骤五：教师点评。对各小组讨论情况进行点评，对全国政协最终确定"五星红旗"作为国旗的过程和内涵进行讲授和总结。

效果监测

通过教学过程观察学生对背景知识的掌握和实践教学参与度。

（二）"共和国长子"与社会主义工业化

教学主题

鞍钢集团博物馆实践教学，了解社会主义工业化中的国有企业。

知识背景

鞍钢（图1-9）是"共和国钢铁工业的长子""中国钢铁工业的摇篮"，有着厚重的历史和文化积淀。新中国成立初期，西方敌对国家对华实行经济封锁，无缝钢管等重要钢材的进口来源被切断，发展自己的钢铁工业成为国家经济建设的首要任务。1949年7月9日，鞍钢举行开工典礼，宣告新中国第一个大型钢铁联合企业正式开工。"一五"时期，鞍钢实施建设大型轧钢厂、无缝钢管厂和7号炼铁高炉"三大工程"。这"三大工程"意义非凡，在苏联援建中国的156个重点项目中位列首位。

鞍钢集团博物馆位于"鞍钢记忆"公园内，是由鞍钢炼铁总厂第二烧车间的主厂房改建而成，也是鞍钢重要的工业遗产。鞍钢集团博物馆于2013年7月9日奠基，2014年12月26日开馆。全馆建筑面积12600平方米。这里展示和收藏大量具有珍贵历史价值的照片和文物。2021年7月至2021年10月，鞍钢集团博物馆举办钢铁是怎样炼成的——庆祝中国共产党成立100周年革命文物展览，庆祝中国共产党成立100周年精品展览。

图 1-9　旧鞍钢

博物馆通过实物、场景、模型、图片、文字、多媒体等形式，运用现代高科技声光影像展示技术，以历史和发展的全新视角，向人们展示新中国钢铁企业的奋斗历史，以及鞍钢的辉煌发展历程与熠熠生辉的企业文化。观众可以借助虚拟现实系统，亲自炼一炉铁、一炉钢，在现实与虚拟的世界中领略工业遗产的昔日风采，尽情享受一次"钢铁是怎样炼成的"工业之旅（图1-10）。

图 1-10　当今的鞍钢

适用环境

课外实地。

实践设计

教学目标：引导学生深入了解我国"一五"计划期间建设的重点工程对我国社会主义工业化的奠基作用，通过今昔对比，加深学生对作为"共和国长子"的国有企业的重要作用与职能的认识。

步骤一：教师结合课堂知识进行背景讲解，提前安排学生查阅相关资料，分组并选出小组负责人，做好活动策划书，确定参观人数。

步骤二：与展馆负责人联系，商讨参观、座谈事宜，确定好参观过程中的讲解人员。提前熟悉参观路线，围绕教学主题和展馆讲解员沟通，进行实践教学环节的策划。

步骤三：在参观中做好文字、摄影等记录。参观结束后，教师组织学生及时进行实践心得分享，围绕教学目标进行点评。

步骤四：指导学生在实践教学过程结束后，结合"一五"计划的作用及鞍钢的发展变化撰写心得体会等文字材料，以实践报告的形式提交并在一定范围内通过合适的方式分享。

效果监测

通过筹备阶段和实施阶段观测学生对相关知识的掌握程度以及对价值目标的认可程度。学生提交的文字材料可记录分数并计入课程最终成绩。

（三）认识中国共产党的领导与社会主义新西藏

教学主题

在西藏的今昔对比中认识中国共产党的领导是社会主义新西藏发展的决定力量。

知识背景

随着中华人民共和国的诞生，西藏人民迎来解放曙光。1951年，中央人民政府和西藏地方政府在北京签订了史称"十七条协议"的《关于和平解放西藏办法的协议》，西藏宣告和平解放。

西藏虽已解放，但其严峻的内部问题堪忧。西藏长期处于政教合一、僧侣和贵族专政的封建农奴制社会，其黑暗残酷程度比中世纪欧洲的农奴制有过之而无不及。达赖喇嘛作为藏传佛教首领，兼任西藏地方政府首脑，集政教大权于一身，是封建农奴主阶级的总代表。占西藏人口5%的官家、贵族和寺庙上层僧侣号称"三大领主"，占有了西藏几乎全部的耕地、牧场、森林、山川、河流、河滩以及绝大部分生产资料；而占西藏总人口95%的农奴和奴隶处于社会底层，没有任何生产资料和人身自由。农奴主占有农奴的人身，把农奴当作私有财产，可以随意进行买卖、转让、赠送、抵债和交换。

旧西藏的差税制度十分残酷，既有载入注册籍的永久性差税，还有临时加派的差税。据不完全统计，仅旧西藏地方政府征收的差税名目就有两百余种。旧西藏通行了几百年的《十三法典》和《十六法典》将人分成三等九级。法典规定，上等上级人如王子、大活佛等，其命价为与其身体等重的黄金，而下等下级人如妇女、屠夫、猎户、匠人等，其命价仅为一根草绳（图1-11）。

图1-11 旧西藏，农奴贝姆洪贞被砍掉右手

这样的状况必须改变，才能满足广大西藏人民追求民主、平等的诉求。但是，以十四世达赖为首的西藏反动上层集团面对西藏人民日益高涨的改革要求，顽固坚持永远不改，并于1959年3月10日悍然发动了旨在分裂祖国的武装叛乱。中共中央果断决定一边平叛一边进行民主改革，使得百万农奴摆脱了封建专制的枷锁，真正成为国家的主人、土地的主人、自己命运的主人。

在中国共产党的领导下，改革开放四十多年来，西藏经济快速发展。农牧区率先实现城乡义务教育、免费医疗、农牧民最低生活保障。西藏民族文化也得到了前所未有的保护和发展。已竣工的西藏三大重点文物保护维修工程（布达拉宫、罗布林卡、萨迦寺）投资 3.3 亿元。广大信教群众享有充分的宗教信仰自由，目前西藏共有 1700 多处藏传佛教活动场所，住寺僧尼约 4.63 万人。青藏铁路的建成通车为西藏社会经济发展注入了强大活力，提供了重要机遇。川藏铁路正在施工，拉林段已建成通车，西藏的旅游业方兴未艾，国内外游客纷至沓来（图 1-12）。

图 1-12　西藏游客图

适用环境

课堂环境。

实践设计

步骤一：组织学生搜集旧西藏和现在西藏对比的图片、影视资料；搜集中国共产党在和平解放西藏和西藏民主改革过程中的做法的相关资料。

步骤二：各小组将图片、影视资料整合，从政治、经济、文化等任一角度论述西藏的发展变化，以照片、视频等形式在课堂中展示。

步骤三：汇总各小组观点，结合教学主题，分类总结。

步骤四：教师点评。点评可参考如下：

中国共产党的领导地位是在长期斗争的实践中逐步形成的，是历史的选择、人民的选择。面对中国这样一个地域辽阔、各种问题错综复杂的发展中大国，离开了共产党的领导就不可能把全国人民的力量和意志凝聚起来，发展社会主义民主也就无从谈起。邓小平早就指出："在中国这样的大国，要把几亿人口的思想和力量统一起来建设社会主义，没有一个由具有高度觉悟性、纪律性和自我牺牲精神的党员组成的能够真正代表和团结人民群众的党，没有这样一个党的统一领导，是不可能设想的，那就只会四分五裂，一事无成。这是全国各族人民在长期的奋斗实践中深刻认识到的真理。我们人民的团结，社会的安定，民主的发展，国家的统一，都要靠党的领导。"

只有坚持党的领导，才能坚持我国民主发展的社会主义方向，人民当家作主和依法治国才能有可靠的保证。因此，发展社会主义民主政治，建设社会主义政治文明，核心在于坚持党的领导。推进政治建设和政治体制改革，必须加强和巩固党的领导，而决不能削弱党的领导。

西藏的今昔变化充分说明：没有中国共产党的领导，就没有西藏农奴的翻身解放，西藏人民就不可能当家作主。没有党的领导就无法保证人民当家作主的经济基础和政治保障。

效果监测

通过教学过程观察学生对知识背景的掌握和实践教学的参与度。

（四）模拟第一届全国人民代表大会，体验社会主义民主

教学主题

模拟第一届全国人民代表大会。

知识背景

《共同纲领》明确规定，人民代表大会制度是新中国的根本政治制度。新中国成立初期，在全国范围内实行普选的人民代表大会制度的条件尚不成熟，因而采取了在中央通过召开中国人民政治协商会议全体会议、在地方通过逐级召开人民代表会议的方式，逐步地向人民代表大会制度过渡。经过三年的努力，新中国正式实行人民代表大会制度的条件已经成熟。

根据《选举法》的规定，全国建立了乡、县、市、省各级选举委员会，在21万个基层选举单位、3.23亿登记选民中进行了基层选举，选出基层人民代表566万余名。在此基础上，由省、市人民代表大会，中央直辖少数民族行政单位以及军队、华侨单位等分别选

出出席全国人民代表大会的代表 1226 人，其中中共党员占 54.48%，共 668 名；党外人士占 45.52%，共 558 名。妇女代表占 11.99%，共 147 名；少数民族代表占 14.44%，共 177 名。

1954 年 9 月 15 日至 28 日，第一届全国人民代表大会第一次会议在北京召开。毛泽东致开幕词，刘少奇作关于宪法草案的报告。大会经过讨论一致通过了《中华人民共和国宪法》及《中华人民共和国全国人民代表大会组织法》等一系列重要法律。周恩来作政府工作报告，提出社会主义改造和社会主义建设的任务，对中国实现四个现代化目标作了最初的概括。会议根据宪法和相关组织法的规定建立了国家领导机构。会议选举毛泽东为中华人民共和国主席，朱德为副主席；刘少奇为中华人民共和国第一届全国人民代表大会常委会委员长，宋庆龄等 13 人为副委员长；董必武为最高人民法院院长，张鼎丞为最高人民检察院检察长。大会决定周恩来任国务院总理，陈云等 10 人为副总理。

第一届全国人民代表大会第一次会议的召开，标志着人民代表大会制度作为新中国根本政治制度的正式确立，是中国政治制度的一次伟大变革。这一根本政治制度的确立，为国家的政治民主化进程确定了一种新型政权组织形式和民主程序，为实现人民当家作主提供了根本保证。

适用环境

课堂环境。

实践设计

教学目的：为了帮助学生深刻理解全国人民代表大会的历史和运作方式，使学生有"建国大业"的亲身参与感，召开校园人民代表大会，模拟第一届全国人民代表大会。

步骤一：模拟乡村或城镇基层社区选举人民代表大会代表的场景。由教师组织，模拟宣读选举办法、介绍候选人、组织投票选举等环节，模拟选举出的"代表"可以在后面步骤中扮演相应的角色。

步骤二：组织学生"云参观""五四宪法"历史资料陈列馆。指导学生分组进行资料搜集，掌握第一部《中华人民共和国宪法》形成的过程和宪法的基本内容。

步骤三：模拟全国人民代表大会开幕场景，通过教室环境布置和学生体验式角色扮演，模拟开幕词、政府工作报告、宪法草案报告等环节，如果所在学校具备使用虚拟仿真效果的场地更好。

步骤四：朗读人民日报通讯《六亿人民心花开》，学生分享读后感，教师进行教学点评。也可以引导学生就社会主义人民民主与西方民主进行对比探讨。

效果监测

通过教学过程观察学生实践教学参与度与心理状态变化，了解学生对知识的掌握程度和对人民代表大会制度的认可程度。

五、拓展思考

（1）为什么说《中国人民政治协商会议共同纲领》是新民主主义性质的纲领？如何评价它的历史地位和作用？

（2）新中国为什么能够在很短的时间内全面恢复国民经济？

（3）社会主义改造中的"和平赎买"为什么能够取得成功？

（4）如何准确理解中国人民选择社会主义的历史必然性？

重点回顾 · 知识速递

（1）1949年，中国人民政治协商会议通过《共同纲领》，中华人民共和国宣告成立。

（2）1950—1953年，中国人民齐心协力，取得抗美援朝战争的伟大胜利。

（3）1953—1956年，确立了过渡时期总路线，开始实施对农业、手工业、资本主义工商业的社会主义改造，到1956年社会主义改造基本完成，中国的社会主义基本经济制度建立起来。

（4）1953—1956年，第一个五年计划的主要指标提前完成，在中国工业化建设的起步阶段发挥了重要作用，为建立独立完整的工业体系和国民经济体系打下坚实的基础。

（5）1954年，第一届全国人民代表大会第一次会议召开。会议通过中华人民共和国第一部宪法，选举毛泽东为中华人民共和国主席，任命周恩来为国务院总理。人民代表大会制度作为新中国的根本政治制度正式确立。

（6）1953年，周恩来总理第一次提出和平共处五项原则。1954年，周恩来总理参加日内瓦会议，这是新中国首次参加重要的国际会议。1955年，周恩来总理参加万隆会议，倡导"求同存异"。

（7）国防文教科技卫生等事业取得发展和进步。

| 第一章 | 中华人民共和国的诞生和社会主义制度的确立（1949—1956）

> **本章结语**
>
> 　　从中华人民共和国正式成立到1956年社会主义改造基本完成，中国相继实现了从半殖民地半封建社会到民族独立、人民当家作主的新社会，从新民主主义到社会主义的两个历史性转变。新中国成立后，各族人民在中国共产党的领导下，确立人民民主专政的国家制度，巩固新生政权、完成各项民主改革、全面恢复国民经济，并取得抗美援朝战争的重大胜利，中国开始实行有计划的经济建设和对生产资料私有制的社会主义改造。到1956年，提前完成第一个五年计划的主要指标，基本完成对农业、手工业和资本主义工商业的社会主义改造，社会主义制度在中国大陆建立起来。中华人民共和国的诞生和社会主义制度的确立，为当代中国一切发展进步奠定了根本政治前提和制度基础。

第二章

社会主义建设的艰辛探索和曲折发展（1956—1978）

一、内容聚焦

本章内容概述了新中国在艰辛探索中曲折发展时期的政治、经济、文化、社会、外交等方面的成就及挫折，再现了中国共产党人团结带领中国人民探索中国自己的社会主义道路的历史进程，展现了历史演进的复杂性、多样性和曲折性。社会主义建设的探索和成就，为此后开创中国特色社会主义道路提供了宝贵经验、理论准备和物质基础。

（一）探索中国自己的社会主义道路

1956年社会主义三大改造基本完成以后，社会主义社会的主要矛盾是什么，应当走一条什么样的建设道路，是新中国面临的根本性问题。以毛泽东同志为主要代表的中国共产党人为了寻找一条适合中国国情的社会主义建设道路，开始了积极探索。

第一个重要探索成果是《论十大关系》。《论十大关系》是以毛泽东同志为主要代表的中国共产党人借鉴苏联的经验并吸取教训，探索适合中国国情的社会主义建设道路的起步。第二个重要探索成果是中共八大提出的关于党的建设和社会主义建设的新思想、新建议，正确分析了中国社会的主要矛盾和主要任务，指明了党和国家当前的主要任务，就是集中力量，把我国尽快地从落后的农业国变为先进的工业国。第三个重要探索成果是《关于正确处理人民内部矛盾的问题》。这篇文章针对国际、国内发生的一些新情况，对社会主义社会的矛盾问题进行了开创性的研究和阐释。

值得注意的是，在积极探索中国自己的社会主义道路上，整风运动和反右派斗争的扩大化，给党和国家的事业造成了不幸的后果。

（二）"大跃进"和国民经济的调整

"大跃进"和人民公社化运动。"大跃进运动"首先从农业拉开序幕。1957年10月，中共中央公布《一九五六年到一九六七年全国农业发展纲要（修正草案）》，要求12年内基本上消灭普通的水灾和旱灾，黄河以北，黄河以南、淮河以北，淮河以南的粮食年均亩产分别达到400斤、500斤、800斤。10月27日，《人民日报》社论号召"实现一个巨大的跃进"。受农业战线的激励，1958年5月，中共八大二次会议通过了"鼓足干劲，力争上游，多快好省地建设社会主义"的社会主义建设总路线，实际突出的是多和快，强调"速度是总路线的灵魂"，"大跃进运动"开始向工业特别是钢铁工业扩展，掀起全民大炼钢铁的群众运动。"大跃进运动"从经济领域进一步扩大到科技、文教、卫生等各个行业，形成全社会的热潮。

"大跃进"催生了人民公社化运动。1958年8月,毛泽东到河北、河南、山东等地视察,看到了大社的优越性,肯定了人民公社的名称。同月,北戴河会议通过《中共中央关于在农村建立人民公社问题的决议》,认为这是提前建成社会主义并逐步过渡到共产主义所必须采取的方针。在短短3个月内,全国74万个农业社改组合并成2.6万个公社,加入的农户占总数的99%以上,基本实现了人民公社化。

纠"左"的努力与反复。1958年11月到1959年7月庐山会议前,毛泽东多次主持召开会议,采取措施纠正"左"的偏差。经过近9个月的努力,"左"倾错误受到初步遏制。1959年8月,中共八届八中全会在庐山召开,通过决议认定"右倾机会主义"是当前工作中的主要危险。会后,全党开展了"反右倾"斗争,一大批干部和党员受到错误的批判,纠"左"的进程由此中断,高指标、瞎指挥、浮夸风和"共产风"再度泛滥起来。同时,1956年至1961年,中国连续发生严重自然灾害,加之苏联突然单方面废除与中国的全部经济合作项目协议,我国国民经济在1959年至1961年出现了严重的困难局面。

调整国民经济和社会关系。1960年,中央提出对国民经济实行"调整、巩固、充实、提高"的八字方针,再次纠正"左"的错误。1962年1月11日至2月7日,中共中央在北京召开扩大的工作会议,史称"七千人大会"。会议通过了1962年的经济建设任务,进一步贯彻"调整、巩固、充实、提高"八字方针,克服经济困难。在国民经济调整的同时,对社会各阶层关系也进行了调整。根据1959年8月毛泽东给右派分子分期分批摘帽子的意见,到1962年底,大部分被划为右派分子的人都摘掉了帽子。经过这一系列调整,社会各阶层内部和阶层之间的关系得到了改善,加强了团结。

经济形势好转和经济体制改革探索。国民经济调整迅速见效,到1962年底,经济形势开始复苏。1964年三届全国人大一次会议召开,周恩来总理宣布国民经济基本摆脱了困境,进入正常发展轨道。接受"大跃进"的教训并经过国民经济调整,党和国家对如何发展经济有了进一步认识,在指导思想和经营管理制度的变革上进行了重要探索。

提出"四个现代化"战略目标。1964年12月21日至1965年1月4日,三届全国人大一次会议召开,周恩来在政府工作报告中代表党和国家提出了建设"四个现代化"的战略目标:今后发展国民经济的主要任务,就是要在不太长的历史时期内,把我国建设成为一个具有现代农业、现代工业、现代国防和现代科学技术的社会主义强国。"四个现代化"目标,是中国共产党领导全国人民对社会主义建设道路进行长期探索所取得的重大成果,它是一个经过努力奋斗可以实现的目标,是凝聚全党、全国人民力量的旗帜。

（三）在调整中发展社会主义事业

国民经济调整期间，中国共产党领导全国人民自力更生、艰苦奋斗，在经济建设、国防科技、民族区域自治、文教卫生事业和弘扬创业精神等方面都取得了重要成就，涌现了大批的英雄模范，彰显了伟大的牺牲和奉献精神。

三线建设及其成就。1964年5月，毛泽东提出，要考虑解决全国工业布局不平衡的问题，加强三线建设，防备敌人的入侵。8月，中央作出了在三线地区开展以战备为中心大规模建设工业、交通、国防、科技设施的重大战略决策。三线建设从1964年开始，到1980年，全国三线地区共投入2052.68亿元，相当于1953年至1964年投资的3倍。三线建设初步改变了我国工业布局不合理状况，成功地建设起一个比较完整的国防战略后方，极大地增强了我国的国防实力。此外，三线建设推动了中西部地区经济、社会、科技、文化发展进步，促进了偏远山区和少数民族地区文化繁荣。

"两弹一星"等尖端科技的突破。这一时期，中国以国防为主的尖端科技取得突破性进展，其中震撼世界的是"两弹一星"研制成功。1964年10月16日15时，中国第一颗原子弹在新疆罗布泊戈壁滩上爆炸成功。中国成功爆炸第一颗原子弹，有力地打破了超级大国的核垄断和核讹诈，大大提高了中国的国际地位。1966年10月27日，中国首次发射导弹核武器试验获得成功。核弹头精确地命中目标，实现了核爆炸，使中国有了实用型导弹核武器。1967年6月17日，中国第一颗氢弹空爆试验成功。中国成为世界上第四个掌握氢弹制造技术的国家。1970年4月24日，中国第一颗人造地球卫星"东方红一号"在酒泉基地发射成功。这是中国航天空间技术的一个重要里程碑。"两弹一星"的研制，饱含着一大批科学家、干部职工和解放军官兵的心血和奉献。热爱祖国、无私奉献，自力更生、艰苦奋斗，大力协同、勇于登攀的"两弹一星"精神激励和鼓舞了几代人，永远是中华民族宝贵的精神财富。

加快民族自治地区的经济社会发展。经过较长时间的酝酿，广西壮族自治区于1958年3月5日成立。随后，宁夏回族自治区于1958年10月25日成立。1959年3月10日，西藏上层反动集团发动背叛祖国的全面武装叛乱。在西藏各族、各界人民的大力支持下，在平叛过程中，西藏地区成功进行了民主改革，百万农奴翻身得解放。1965年9月9日，西藏自治区正式成立。中共八大以后，根据中央民族工作方针，中央统战部制定《一九五六年到一九六七年全国民族工作规划大纲（草案）》，提出必须进一步领导和帮助各民族人民进行社会主义建设，发展政治、经济、文化事业，根据各民族的不同情况，大力发展农业和牧业生产，有计划有重点地进行工业建设，逐步提高人民物质文化生活水平。1965年，全国民族自治地方工农业总产值比1957年增长了57.2%。同时，国家努力发展少数民族的教育事业，积极帮助少数民族发展文艺事业，确定了兴办民族教育的总方针。国家下大力气改变少数民族地区缺医少药、地方病流行的落后状况。

文教卫生体育事业的发展和弘扬奋发图强精神。20世纪50年代后期到60年代中期，新中国的文教卫生体育事业取得了较大发展。1956年，中共中央为了打破思想文化界较为沉闷的状况，纠正过去文化工作中的偏向、繁荣社会主义文化，确定"双百"方针为科学文化工作的指导方针。在此方针下，文艺事业如沐春风，优秀作品不断涌现。我国一度呈现"文化界的春天"。同时，这一时期的卫生工作取得了旧中国无法比拟的成就。旧中国每年疟疾发病人数达3000万左右，1958年发病人数已降低到78万。此外，体育工作也取得了相应发展。这些成就对当时中国人民战胜暂时困难，起到了鼓舞斗志的作用。

在战胜国内外困难的斗争中，中国人民经受了严峻考验，涌现了大批不畏艰难、勇于奉献的英雄模范，形成了跨越时空、历久弥新的时代精神。

（四）维护国家主权的斗争和对外交往

炮击金门、粉碎美国制造"两个中国"的阴谋。炮击金门是中国政府及人民解放军同台湾当局军队之间的政治军事较量，也是中国政府与美国政府之间的政治和外交斗争。这一事件打击了台湾当局的嚣张气焰，击碎了美国制造"两个中国"的阴谋，维护了国家主权和领土完整。

反对大国沙文主义和中苏关系恶化。1959年，中苏两党在禁止试验核武器协议、中印边界冲突、台湾问题上发生了分歧。1960年4月，《红旗》杂志发表题为《列宁主义万岁》的文章，在国际共产主义理论一系列问题上对赫鲁晓夫的观点进行了不点名的批驳。6月下旬，在罗马尼亚布加勒斯特的会议上，赫鲁晓夫猛烈攻击中国共产党，中共代表团予以反击。7月16日，苏联政府突然照会中国政府，单方面决定召回在中国的苏联专家，废止两国政府签订的合作协定。1963年7月14日苏共中央发表公开信，在国内各大报刊展开对中共的攻击，将中苏两党论战公开。中苏两党两国在20世纪60年代前期的冲突与决裂，是国际共产主义运动史上的一件大事。这改变了国际共产主义运动和当时的世界格局。我国遵循国家主权高于一切的原则，同苏联的霸权主义进行了不懈斗争。

中华人民共和国成立后，中国和印度在边界问题上一直存有争议。1959年和1962年双方兵戎相见，在边境地区发生了大规模的武装冲突。中国边防部队奉命于1962年10月20日进行自卫反击作战，收复了1959年8月以后被印军侵占的中国领土。

支援亚非拉和越南抗美斗争。20世纪60年代中期，在同美苏两个大国对抗的过程中，毛泽东提出"两个中间地带"理论。根据这个理论，争取中间地带成为中国外交工作的重点。对亚非拉国家反对帝国主义和殖民主义、争取和维护民族独立的运动，中国政府给予了积极支援。周恩来 1963 年底出访亚非欧 14 国，1964 年 1 月提出了中国对外经济技术援助的八项原则。八项原则体现了中国援助亚非拉国家的真诚愿望，受到他们的热烈欢迎。

20 世纪 50 年代中美关系的严重对抗与冲突一直延续到 60 年代。因此，1965 年起，支援越南人民的抗美战争，成为中国当时最重要的援外任务。中国出兵支援越南抗击美国的入侵，以反对美国的全球战略与霸权外交，保卫中国南疆安全，维护中国的国家利益和国家尊严。

（五）"文化大革命"时期的曲折发展

"文化大革命"的爆发。新中国成立以后，复杂、严峻的外部环境对党和国家作出判断和决策产生了重要影响。由于中国共产党对在一个贫穷落后的国家如何建设社会主义缺乏经验和思想准备，在分析和处理国内新的矛盾时，往往沿用过去战争年代开展阶级斗争和大规模群众运动的经验。从 1962 年起，毛泽东把党内在"大跃进"、国民经济调整、社会主义教育运动等一些重要问题上的认识分歧，认为是两个阶级、两条路线的斗争，对党内国内的政治形势逐步作出错误判断，甚至得出了各个领域都面临着资本主义复辟的危险，相当一部分权力"不在我们手里"的严重脱离实际的结论。他认为，必须寻找一种新的形式，公开地、全面地、由下而上地发动广大群众，打倒所谓的"党内走资本主义道路的当权派"，从而防止资本主义复辟。

1966 年 8 月 8 日，中共八届十一中全会通过了《关于无产阶级文化大革命的决定》（即《十六条》），对"文化大革命"的目的、重点、依靠力量、方法等作了规定，成为当时指导"文化大革命"的纲领性文件，意味着中共中央正式确认了"文化大革命"的全局性"左"倾指导方针，也标志着开展"文化大革命"的组织手续已经完成。1969 年 4 月 1 日至 24 日，中国共产党在北京召开了第九次全国代表大会。会议通过了新党章，并将"无产阶级专政下继续革命"的理论写进总纲，成为指导"文化大革命"的指导思想。

四届全国人大和全面整顿。中共九大以后，全国人民代表大会及地方各级人民代表大会仍然没有得到恢复。为了使国家政治生活走上正轨，毛泽东开始考虑筹备召开四届全国人大的问题。1975 年 1 月 13 日至 17 日，历经坎坷的四届全国人大一次会议终于召开。周恩来抱病在政府工作报告中重申了三届全国人大通过的分两步走、在 20 世纪末实现国家"四个现代化"的宏伟目标。

四届全国人大一次会议后，邓小平接替病重的周恩来主持党中央和国务院日常工作。他根据毛泽东提出的"要安定团结""把国民经济搞上去"的指示，大刀阔斧地展开全面整顿工作。整顿的中心在经济领域，首先解决的是铁路问题。1975年6月至7月，邓小平、叶剑英主持召开军委扩大会议，着手整顿军队编制，解决军队臃肿、闹派性、纪律松弛等问题。同年8月，胡耀邦、周荣鑫分别领导中国科学院和教育部制定了恢复落实科技、教育政策的文件。1975年的整顿工作在短时间内就取得明显的经济成效。

恢复在联合国合法席位和调整国际战略。20世纪60年代至70年代，国际形势发生了重大变化。毛泽东、周恩来敏锐地抓住这一时机，调整国际战略，开创了对外关系的新局面。中美关系的缓和，是其中关键性的一环。这一时期，中国要求恢复联合国合法席位的斗争取得突破性胜利。1971年10月25日，在联合国大会第二十六届会议上，阿尔巴尼亚等18国（后增加为23国）代表提议将恢复中国在联合国合法权利案作为紧急问题列入议程。该提案最终以76票赞成、35票反对、17票弃权的压倒性胜利，恢复了中华人民共和国在联合国的合法席位。

由于周恩来贯彻了一系列正确的外交方针，中国对外关系于1970年后重新走上正常轨道，并取得一系列重大突破，尤其是中美关系取得实质性进展。中美关系的缓和直接促成了中日建交。1972年9月25日，日本新任首相田中角荣应周恩来总理邀请访华。双方于9月29日签署建立外交关系的联合声明。

根据国际形势的新变化，毛泽东在会见赞比亚总统卡翁达时提出了"三个世界"的理论观点。"三个世界"理论的主旨在于联合一切可能的力量建立广泛的反对苏美霸权主义的国际统一战线。

（六）拨乱反正初步展开和经济复苏

粉碎"四人帮"和"文化大革命"的结束。1975年邓小平主持的整顿工作，引起"四人帮"的恐慌，他们利用"反经验主义""评水浒"活动等各种机会，竭力对整顿进行攻击。1976年1月8日，党和国家的重要领导人周恩来逝世，"四人帮"却压制人民的悼念活动，加紧展开"反击右倾翻案风"运动，这激起了人民的极大愤慨，长期积蓄的对"文化大革命"的不满如火山般爆发出来。

1976年10月6日晚，华国锋、叶剑英代表中央政治局，执行党和人民的意志，对王洪文、张春桥、江青、姚文元实行隔离审查。中共中央随后采取坚决措施，挫败了"四人帮"余党在上海发动叛乱的图谋，控制和稳定了上海等地的局势。

"文化大革命"使党、国家和人民遭到新中国成立以来的最大挫折。党组织和国家政权受到削弱,民主和法制受到破坏,大批干部和群众遭受打击,教育、科学、文化事业受到摧残,人们的思想和道德伦理陷于混乱。10年中,国民经济遭到巨大损失,人民群众生活水平长期没有提高,甚至有所下降。国家一度面临严重的政治、经济和社会危机。当时世界许多国家和地区正处于快速发展期,我国却陷于内乱之中,痛失了宝贵的历史机遇。

拨乱反正的初步展开。隔离审查"四人帮"以后,为了稳定局势,中央采取了一系列政治上、组织上的措施,在全国开展揭发、批判"四人帮"及清查其帮派势力运动。中央决定由叶剑英重新主持中央军委工作,李先念等同志参与分管经济等领域的工作。同时对党政军一些重要领导机构以及一些地方主要负责人进行调整,夺回了被"四人帮"篡夺的领导权。经过艰苦努力,人民群众长期渴望的安定的社会局面初步形成。1977年8月,中国共产党第十一次全国代表大会在北京召开,华国锋在政治报告中宣布"文化大革命"结束。

恢复高考与召开全国科学大会。从1966年夏季起,全国大学和中专先后停止招生,使我国知识分子队伍培养出现了一个断层。恢复中央领导工作的邓小平,深知教育、科技领域拨乱反正的重要性,主动要求分管教育、科技工作,并以恢复全国高考和召开全国科学大会为突破口,进一步推动了全国的拨乱反正工作。

1977年8月,邓小平主持召开科学和教育工作座谈会。在邓小平的推动下,中共中央和国务院决定1977年恢复高等学校招生考试制度。11月28日至12月25日,全国约570万名考生怀着求知的渴望走进考场,其中27.3万人被录取。1978年3月,全国科学大会在北京隆重举行。邓小平在大会开幕式上讲话。他强调,"四个现代化"关键是科学技术的现代化;指出科学技术是生产力,而且正在成为越来越重要的生产力。大会制定了《一九七八年——一九八五年全国科学技术发展规划纲要(草案)》,表彰了先进工作者和先进集体,号召大家树雄心、立壮志,向科学技术现代化进军,提高全民族的科学文化水平。

国民经济复苏与急于求成倾向。粉碎"四人帮"以后的两年,中共中央和国务院先后召开了农业、计划、铁路、基建、工业、财贸、煤炭、电力、运输、粮食等一系列专门会议,努力扭转"文化大革命"造成的混乱局面,对国民经济的恢复和发展作出新的部署。1978年4月,中共中央颁发了《关于加快工业发展若干问题的决定(草案)》("工业三十条")。"文化大革命"时期遭到破坏的各项经济制度基本得到恢复。

粉碎"四人帮"以后,干部和群众普遍怀有加快建设的良好愿望,大多数中央领导人在这个问题上的意见也是一致的,加上国民经济具有恢复性质地较快好转,因此急于求成的倾向又出现了。1977年11月,全国计划会议向中央政治局提出《关于经济计划的汇报要点》,建议1978年到2000年的23年,分三个阶段打几个大战役;到20世纪末,使我国的主要工业产品产量分别接近、赶上和超过世界先进水平。1978年3月,五届全国人大一次会议通过了包括上述指标的《一九七六年至一九八五年发展国民经济十年规划纲要(草案)》。从当时的经济状况看,要实现上述指标是脱离实际的。1978年,国民经济虽然有了较大好转,但多年积累的问题没有得到根本解决,主要反映在农、轻、重比例失调上。

在"文化大革命"结束后的两年间,党和国家工作有所前进,一些领域的拨乱反正已经开始,经济建设、社会各项事业和外交工作也有所恢复和发展。人们急切地期待着党和国家迅速摆脱困境,迈开大步前进。

通过本章的学习,在知识层面上,引导学生了解全面建设社会主义时期的时代背景,在此基础上,学习并掌握中国共产党在全面建设社会主义道路上的艰辛探索历程,熟悉全面建设社会主义时期我国政治、经济、文化、社会、外交等方面所取得的成就和遭遇的挫折,总结中国共产党在"如何建设社会主义"过程中的经验和教训。该章主要内容包括:探索社会主义建设道路的良好开端、社会主义建设道路的艰辛探索和曲折发展、对国民经济和社会政治关系的全面调整、政治和思想文化领域的"左"倾错误的发展、维护国家主权和对外关系的新进展、"文化大革命"的发动和结束、"文化大革命"时期国民经济的曲折发展与该时期外交的新局面。

在价值层面上,促进大学生深入学习马克思主义理论,提升其对马克思主义普遍原理与中国具体实际相结合的认识深度。强化大学生的历史观,通过对本章内容的学习及实践指导,要求学生掌握新中国成立后中国共产党团结带领中国人民进行社会主义建设的历史过程,把握毛泽东思想精髓和基本立场方法,深入理解中国国情,进而树立正确的历史观,消除历史虚无主义和民族虚无主义倾向。

在政治认同层面上,通过对本章内容学习及实践指导,在思想上,强化学生对社会主义的本质认同,即正确认识中国社会主义的本质;在理论上,提升学生对毛泽东思想与中国特色社会主义理论体系的理论认同,使其坚定马克思主义信仰,强化其自觉运用马克思主义解决实际问题的能力;在制度和道路上,增强学生对中国特色社会主义制度和中国特色社会主义道路的认同,使学生树立坚定的社会主义信仰和共产主义理想。

二、知识要点

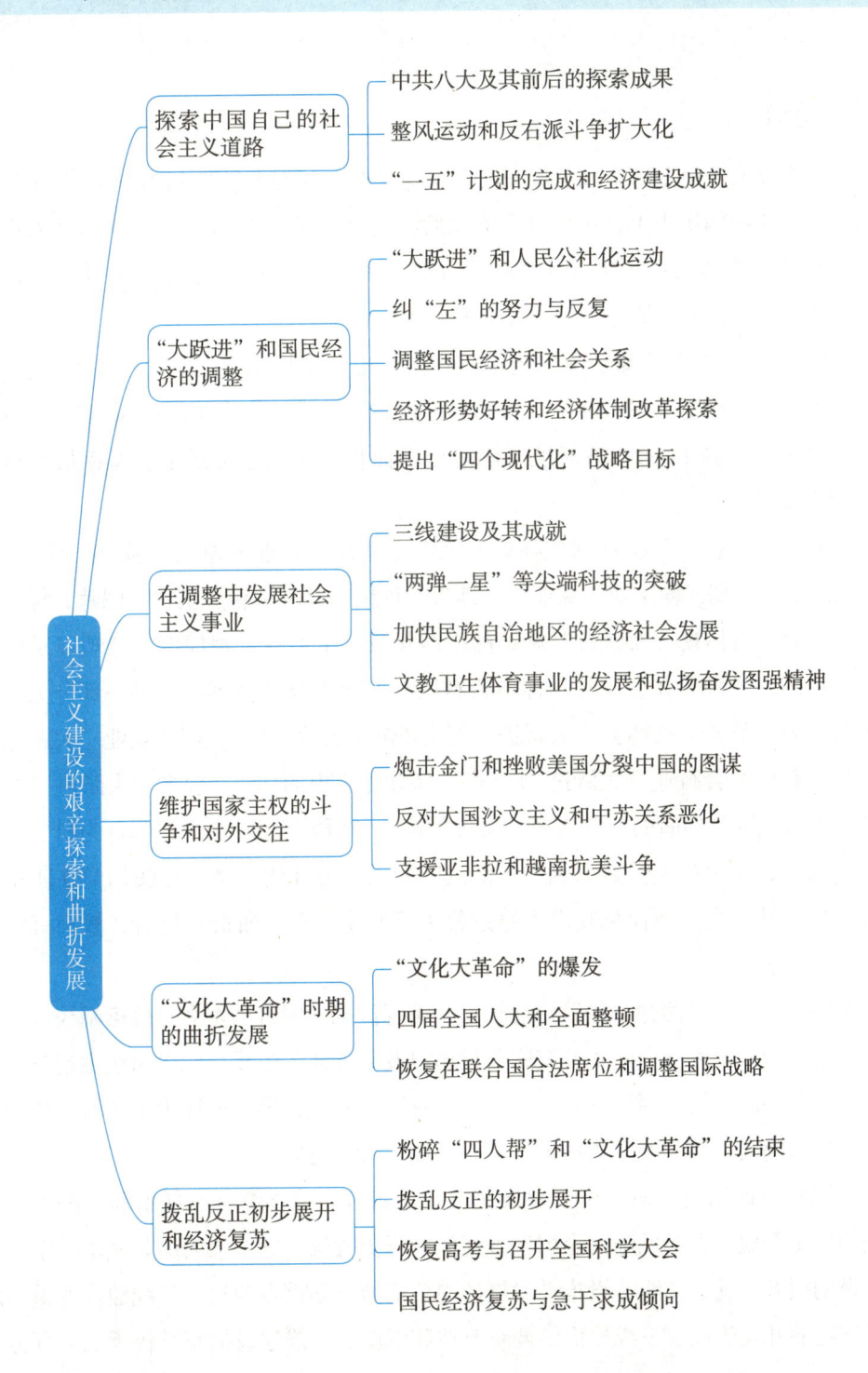

社会主义建设的艰辛探索和曲折发展

- 探索中国自己的社会主义道路
  - 中共八大及其前后的探索成果
  - 整风运动和反右派斗争扩大化
  - "一五"计划的完成和经济建设成就

- "大跃进"和国民经济的调整
  - "大跃进"和人民公社化运动
  - 纠"左"的努力与反复
  - 调整国民经济和社会关系
  - 经济形势好转和经济体制改革探索
  - 提出"四个现代化"战略目标

- 在调整中发展社会主义事业
  - 三线建设及其成就
  - "两弹一星"等尖端科技的突破
  - 加快民族自治地区的经济社会发展
  - 文教卫生体育事业的发展和弘扬奋发图强精神

- 维护国家主权的斗争和对外交往
  - 炮击金门和挫败美国分裂中国的图谋
  - 反对大国沙文主义和中苏关系恶化
  - 支援亚非拉和越南抗美斗争

- "文化大革命"时期的曲折发展
  - "文化大革命"的爆发
  - 四届全国人大和全面整顿
  - 恢复在联合国合法席位和调整国际战略

- 拨乱反正初步展开和经济复苏
  - 粉碎"四人帮"和"文化大革命"的结束
  - 拨乱反正的初步展开
  - 恢复高考与召开全国科学大会
  - 国民经济复苏与急于求成倾向

三、实践资源

（一）场馆

（1）庐山会议旧址纪念馆：该馆位于江西省九江市庐山牯岭东谷长冲河畔、掷笔峰麓的火莲院。在当代中国历史上，中国共产党先后在此召开了1959年中共中央八届八中全会、1961年中央工作会议、1970年中共中央九届二中全会。三次庐山会议在中国共产党和中华人民共和国的历史上都产生了重大影响。

（2）"大跃进"大炼钢遗址：甘肃省肃南县在文物普查中发现大面积的"大跃进"时期土法炼钢炉群。共有冶炼炉159个，大部分已坍塌残破，较为完整的有50多个。冶炼炉最大的高8米，直径14米。该遗址可能是全国面积最大、数量最多、保存最完整的"大跃进"炼钢炉遗址。

（3）三穗县"大跃进"遗存物博物馆：该馆坐落在贵州省三穗老县城（新穗街）中心，是"大跃进"时期三穗工业、商业中心地带。该馆现存各种相关实物、图片、标本资料共400余件套，有体现"大跃进"炼钢的微缩场景、生产的景观模型、雕塑以及电子触摸屏等。馆内将各种实物、图片、标本资料等分四个部分进行展示：第一部分为"大跃进"运动；第二部分为三穗县"大跃进"历史（包含工业"大跃进"、农业"大跃进"、人民公社化、其他社会行业"大跃进"）；第三部分为历史的功过（包含"大跃进"的教训、三穗县"大跃进"期间的一些成就、历史的决议和研究成果）；第四部分为科学发展谱新篇。该遗存博物馆让人们认识到"大跃进"和人民公社化运动，是我们党在团结带领各族人民探索社会主义现代化建设道路过程中所遭受的重大曲折和挫折，教训沉痛而深刻。

（4）中国科学院与"两弹一星"纪念馆：该馆现位于中国科学院大学雁栖湖校区后山半山位置。整个建筑群由三座建筑及其附属设施以及室外装置组成。纪念馆按主题分为三个展览部分：第一展厅为中国科学院与"两弹一星"事业展；第二展厅为中国科学院"两弹一星"历史人物展；第三展厅为中国科学院早期学科历史展。

（5）三线建设博物馆：该馆位于攀枝花市花城新区。博物馆全面展示和反映了中国三线建设的历史全貌，整个展陈由全国三线建设的历史背景、党中央的决策发动、十三省区三线建设的展开情况、三线建设推动发展的中西部城市和重点项目、三线建设的重中之重——攀枝花的开发建设、三线建设的调整改造和成就、三线建设的精神传承七大部分组成，其中，全国三线建设和攀枝花建设的内容所占比例为7:3。截至目前，博物馆共收集文物、文献史料2万余件（套），图片3万余张，口述历史视频人员120人，合计8000多分钟，其他三线建设时期视频资料3000多分钟。

（6）农业学大寨博物馆：该馆位于山西省晋中市昔阳县。民间收藏家李建伟先生三十多年来致力于大寨和农业学大寨文史资料和文物的收藏，致力于对大寨和农业学大寨这一历史阶段的研究和探讨。该馆重点展示李建伟先生农业学大寨文化系列收藏展览，用大量的实物，多侧面地反映大寨成长的历史过程和全国农业学大寨的历史风貌。

（7）铁人王进喜纪念馆：该馆原址位于黑龙江省大庆市解放二街8号，是1989年在"铁人王进喜同志英雄事迹陈列室"旧址上新建的。铁人王进喜纪念馆共4个展厅，整个陈列以铁人王进喜生平事迹为主线，以大庆石油发展历史为副线，内容丰富翔实，形式多样，除了采用照片、文字、电动图表等传统的展示手段外，还采用了硅胶像、沙盘、场景复原、多媒体等现代展示手段，较好地表现了"爱国、创业、求实、奉献——石油魂"这一主题。

（二）文献

（1）《社会主义革命的目的是解放生产力》，中共中央文献研究室：《建国以来毛泽东文稿》第六册，中央文献出版社1992年版，第22-24页。

（2）《论十大关系》，《毛泽东文集》第七卷，人民出版社1999年版，第23-49页。

（3）《关于正确处理人民内部矛盾问题》，中共中央文献研究室：《建国以来毛泽东文稿》第六册，中央文献出版社1992年版，第316-360页。

（4）《中华人民共和国户口登记条例》，中共中央文献研究室：《建国以来重要文献选编》(第十一册)，中央文献出版社1995年版，第16-21页。

（5）《关于人民公社的十八个问题》，中共中央文献研究室：《建国以来重要文献选编》第十二册，中央文献出版社1997年版，第162-182页。

（6）《关于认真提倡计划生育的指示》，中共中央文献研究室：《建国以来重要文献选编》第十五册，中央文献出版社1997年版，第763-765页。

（7）《答意大利记者奥琳埃娜·法拉奇问》，《邓小平文选》第二卷，人民出版社1994年版，第344-348页。

（三）影视

（1）纪录片《国家记忆·中美1972·乒乓外交》：该片讲述了1971年日本世乒赛，美国球员意外登上中国球队大巴。52小时后，毛泽东主席突然改变决策，决定邀请美国队访华。76 小时后，尼克松总统接到正式邀请美国乒乓球队访问中国的消息后，意识到这是中国的乒乓外交，批准美国乒乓球队访问中国的史实。

（2）NHK 纪录片《北京的五天·中日建交谈判内幕》：该片通过对中方当事人员和中共中央党史研究室的采访和留存的回忆录，揭示中日达成"八亿六千万人历史性握手"的缘由。

（3）纪录片《一九五八炮击金门》：该片主要讲述了 1958 年 8 月 23 日，人民解放军炮兵和海军舰艇部队的首次打击就基本切断了台湾至金门的海上运输线，取得了重大胜利，全面封锁金门的行动也取得了显著成效的历史事实。

（4）纪录片《东方巨响——中国"两弹一星"实录》：该片以翔实而鲜为人知的史料，全方位记述了中国"两弹一星"创业者这一庞大群体的英雄业绩，以生动的镜头、感人的故事，展现了"两弹一星"的辉煌成果，真实再现了我党三代领导人对中国"两弹一星"事业倾注的心血，真切反映了"两弹一星"的成功对中华民族的前途和命运所产生的深远影响。

（5）电影《横空出世》：该剧以"两弹一星"元勋为原型，讲述了将军冯石和科学家陆光达带着科研部队在西北荒漠克服一个个困难，最终完成我国第一枚原子弹爆炸的故事。

（6）电视剧《海棠依旧》：该剧根据周总理侄女周秉德女士创作的《我的伯父周恩来》一书改编而成，讲述了从新中国成立到周恩来总理逝世期间，周恩来总理许多鲜为人知、感人至深的事迹，呈现周恩来总理以中华崛起为己任，为国家操劳、为人民服务，鞠躬尽瘁的壮丽一生的故事。从常人的角度看周恩来，看到的是周恩来一生以"中华之崛起"为己任，看到的是周恩来为中华民族"鞠躬尽瘁、死而后已"，看到的是周恩来崇高而又伟大的"无我"精神；从家人的视角再看周恩来，会发现他高尚的人格魅力。斯人已逝，海棠依旧。

四、实施案例

（一）课堂模拟——新中国成立以来中美关系的历史演变及规律性认识

教学主题

新中国成立以来中美关系的历史演变及规律性认识。

知识背景

中华人民共和国史教育需要着重阐明中国各族人民在中国共产党领导下建立、巩固和发展中华人民共和国的历史过程，建立和巩固社会主义制度，探索什么是社会主义以及怎样建设社会主义的历史过程及经验总结。"中华人民共和国史"课程具有时事性、动态性，是正在经历的历史课程。教师应紧跟时事，设置同当前热点相契合的专题，对学生开展世情、国情和党情教育，引导学生在历史变迁中回答"时代之问"。

中美关系是当今世界最具影响的双边关系之一。中美两国关系的发展走向，不仅关系到两国人民的根本利益，也是影响世界和平、稳定与繁荣的重要因素。回顾中美之间的外交历程，不难发现这样的规律：中美两国合则两利，斗则俱伤。通过案例教学，以史为鉴，从动态的历史过程中寻找规律性认识（表2-1）。

表2-1 美国对华政策演变及表现

	时间	美国对华政策	表现
第一阶段	20世纪50年代	50年代，美国确立和推行对华全面遏制政策，敌视中国。外交上不承认新中国，政治上孤立、经济上封锁、军事上包围新中国，企图把新中国扼杀在摇篮中。	①1950年6月，美国组织"联合国军"，发动侵朝战争。同年10月，中国人民志愿军赴朝作战，拉开了抗美援朝的序幕，并最终于1953年7月迫使美国在《朝鲜停战协定》上签字。②1950年，美国第七舰队开进台湾海峡，干涉中国内政。③美国支持台湾国民党当局反攻大陆的图谋。④1954年9月，中美首次举行领事级会谈。⑤1955年7月，中美领事级会谈升级为大使级谈判，这一沟通渠道之后一直保留，成为中美两国建交前唯一的官方联系渠道。
第二阶段	20世纪60年代	害怕中国国际地位提高，继续敌视中国，中美关系降到新低点。	①美国插足越南战争，不断扩大对越南的侵略。②中国发动"抗美援越"战争。1973年美国在侵越战争中失败，被迫撤军。
第三阶段	20世纪70年代	谋求与中国关系的正常化。	①1970年，美国通过"巴基斯坦渠道"和"罗马尼亚渠道"向中国表达实现两国关系正常化的意愿。②1971年4月，中国邀请在日本参加世界锦标赛的美国乒乓球队访问中国。1971年7月，基辛格秘密访华。③1972年，2月，尼克松总统访华，主动改善与中国的关系。④1978年，美方同意在对台湾问题上"断交、撤军、废约"三个原则，中美签订《中美建交公报》。⑤1979年，中美正式建交。

续表

时间	美国对华政策	表现
第四阶段	20世纪80年代以来	不断干涉中国内政，制造中美摩擦，发动贸易战。中美关系曲折发展。	①1989年政治风波之后，美国采取各种举措对中国进行制裁，干涉中国内政，两国关系陷入低谷。同时对中国推行强权政治和霸权主义，散布"中国威胁论"。②1990年11月，中国外长钱其琛正式访问美国，两国关系开始恢复和发展。③1995年，美国允许李登辉访美，中国召回驻美大使。双方关系再次出现波折。④1999年5月8日，美方悍然轰炸我国驻南斯拉夫联盟共和国大使馆，激起我国人民的强烈愤慨。⑤2001年4月1日，美国军用侦察机违反飞行规则，撞上中方军用飞机，致使飞机失控坠海，飞行员失踪。⑥2018年，特朗普政府不顾中方劝阻，执意发动贸易战，掀起了又一轮中美贸易争端。
规律性认识		①求同存异是发展中美关系的关键所在。近半个世纪前，中美两国领导人之所以能够实现跨越太平洋的握手，最根本的一条就是双方坚持相互尊重、求同存异的原则。中美历史文化、社会制度、发展道路等差异，不应成为阻碍双方交流的鸿沟，更不应成为美国一些政客妄图打压和改变中国、逆转中美关系的借口。中美双方理应在求同存异基础上相互借鉴、彼此合作、共同进步。②中美关系演变的动态特点表现为：在斗争中合作，在合作中斗争，在斗争中发展。③不冲突不对抗是发展中美关系的首要前提。新中国成立后，在经历22年的隔绝对抗后，中美打开了接触、建交的大门，开启了和平共处、共谋繁荣之路。经过40多年的发展，中美关系成为当今世界相互交融最深、合作领域最广、共同利益最大的双边关系之一。这既惠及中美，也造福世界。实践证明，合作是唯一正确的选择，对抗冲突没有未来。④尊重彼此核心利益是发展中美关系的政治基础。台湾、涉港、涉藏、涉疆等问题事关中国主权和领土完整，事关中方核心利益和关切。中方在这些重大问题上没有妥协空间，不容任何外部势力干涉。中美建交以来的历史表明，这些问题处理得比较好的时候，中美关系发展往往比较顺畅、稳定；反之，两国关系就会出现紧张甚至倒退。⑤互利互惠、合作共赢是发展中美关系的动力之源。中美建交40多年来，两国都从彼此合作中获得了巨大收益。互利共赢的合作为两国经济也为世界经济提供了持续的增长动力和发展机遇。

适用环境

课堂环境。

> **实践设计**

教学目的：通过开展实践教学，结合当前热点问题，使学生熟悉中美关系变化的史实和过程，深化对中美关系的规律性认识。可以依托课堂通过多种方式开展：

方式一：分组讨论。教师讲授基本知识后，启发学生针对讲授中、案例中、学生身边提出的中美关系问题，由学生应用所学知识，放开思路，大胆分析，提出自己的见解与解决方案。

方式二：角色扮演。设定某一事件为背景，由学生扮演中美谈判中的双方，进行两国模拟谈判。可以加强不同历史时期的对比，使学生体验中国在处理与美国关系过程中的原则性与灵活性。

方式三：调研报告写作。即设定与教学主题相关的具体任务，由学生运用所学知识与相关技能，对需要以文字形式表达的成果以规范文案的形式写出来。注重学生文字成果的相互交流。

> **效果监测**

根据学生的实践态度、实践表现、能力形成等评出各实践项目成绩，作为期末总评的参考。

（二）中国科学院与"两弹一星"纪念馆现场教学

> **教学主题**

通过中国科学院与"两弹一星"纪念馆现场教学，学习革命先辈坚定理想信念，不怕困难、顽强拼搏，对党的事业无比忠诚的革命精神。

> **知识背景**

时代赋予纪念场馆新的使命，加强社会各界尤其是大学生对党史和中华人民共和国史的了解，树立爱国主义的理想信念不动摇，是革命纪念场馆不可推卸的历史使命。

（1）新中国发展"两弹一星"事业的历史背景：新中国成立后，在朝鲜战争和台湾海峡发生危机时，美国一再扬言要对中国使用核武器。苏联虽然表示要对新中国提供核保护，但实际上也是将核武器作为控制新中国的一种手段。因此，中共中央、国务院下定决心尽快掌握国防尖端技术，自力更生发展导弹核武器，以早日拥有强大的自卫能力。

（2）中国发展"两弹一星"事业的自身条件和外部条件：20世纪50年代，随着国民经济的恢复和发展，新中国已经逐步具备制造核武器的条件。1954年发现了铀矿床，在火箭喷气技术方面取得了一定进步。苏联政府也答应在尖端技术方面给予援助。更重要的是国家拥有了钱学森、钱三强、郭永怀、邓稼先等一批高水平的技术专家。中共中央不失时机地于1955年1月召开中央书记处扩大会议，作出发展原子能事业、研制原子弹的决定，并成立由陈云、聂荣臻、薄一波组成的三人小组，负责指导原子能事业的发展。1956年10月，中共中央批准了聂荣臻提出的"自力更生为主，力争外援和利用资本主义国家已有的科技成果"的发展方针。11月，一届全国人大第五十一次会议决定成立第三机械工业部，由宋任穷担任部长主管核武器研制和核工业建设（图2-1）。

图2-1 两弹元勋

（3）中国"两弹一星"事业的具体发展历程：1958年3月，中共中央批准在西北建立导弹实验场。5月，毛泽东在中共八大二次会议上提出要搞人造卫星。7月，新中国在北京建立了核武器研究所,并从全国抽调人员赴西北建立核试验基地,从此新中国的核试验全面启动。

1960年1月,中央军委提出了"两弹为主,导弹第一"的国防尖端技术发展方针。1960年11月,新中国科技人员完成了对苏式R2导弹的仿制工作并发射成功。

1964年10月16日下午3时,蘑菇云在中国西北罗布泊的戈壁滩上升起,中国自行研制的第一颗原子弹爆炸成功(图2-2)。

图2-2 我国第一颗原子弹爆炸

1966年12月28日,由张震寰负责指挥的氢弹原理试验取得了预期结果。1967年6月17日,在我国西部地区成功爆炸了第一颗氢弹(图2-3)。

图2-3 1967年6月17日中国第一颗氢弹爆炸成功

1970年2月,我国第一颗人造卫星"东方红一号"和运载火箭"长征一号"成功发射。

适用环境

课外实地。

实践设计

教学目的：使学生更加直观地了解我国"两弹一星"事业的时代背景、发展条件和历史过程，体会"两弹一星"精神。通过教学过程，进一步引导学生深刻体会"两弹一星"精神的科学内涵。鼓励学生把"两弹一星"精神转化为重要的精神动力，督促和鞭策他们不断地在科研和前进的道路上勇于进取。

步骤一：主题导入。教师在课堂中进行主题知识讲授，并将现场实践教学的要求和安排告知学生。指导学生进行分组并选出组长，明确各组实践教学主题。

步骤二：现场教学。对中国科学院与"两弹一星"纪念馆的三个展厅进行参观和现场教学，提前与讲解员沟通教学细节。在参观讲解过程中，鼓励学生提问。

步骤三：代表发言。各小组结合本组主题，在讲解结束后进行资料搜集整理，选派代表进行交流分享。

步骤四：总结点评。教师结合教学主题，对各组发言情况进行点评。安排学生在实践教学环节结束后，以文字材料的形式提交实践教学报告。

效果监测

通过筹备阶段和实施阶段，观测学生对相关知识的掌握程度以及对价值目标的认可程度。学生提交的文字材料可记录分数并计入课程最终成绩。

（三）文献选读：《关于正确处理人民内部矛盾的问题》

教学主题

通过研读文献和史料，提升学生阅读历史文献的能力，树立正确历史观。

知识背景

由于社会主义改造的迅速完成，加上经济建设中出现冒进的影响未能完全消除，一些新的社会矛盾凸显，一些地方的领导同志没有妥善处理这些矛盾，再加上苏联和东欧出现动荡的影响，正确区别共产党执政条件下两类矛盾的性质，并正确处理人民内部矛盾，就成了时代呼唤的课题。1957年2月27日，毛泽东在最高国务会议第十一次（扩大）会议上，作了《如何处理人民内部的矛盾》的讲话，系统论述了关于严格区分社会主义社会的敌我和人民内部两类矛盾以及正确处理人民内部矛盾的问题。后来经过整理和若干修改，于当年6月19日以《关于正确处理人民内部矛盾的问题》公开发表。

指导学生研读这篇文献（节选）如下：

关于正确处理人民内部矛盾的问题，这是一个总题目。为了叙述的方便，分为十二个小题目。在这里，也要说到敌我矛盾的问题，但是重点是讨论人民内部的矛盾问题。

一　两类不同性质的矛盾

……

敌我之间的矛盾是对抗性的矛盾。人民内部的矛盾，在劳动人民之间说来，是非对抗性的；在被剥削阶级和剥削阶级之间说来，除了对抗性的一面以外，还有非对抗性的一面。……

敌我之间和人民内部这两类矛盾的性质不同，解决的方法也不同。简单地说起来，前者是分清敌我的问题，后者是分清是非的问题。当然，敌我问题也是一种是非问题。比如我们同帝国主义、封建主义、官僚资本主义这些内外反动派，究竟谁是谁非，也是是非问题，但是这是和人民内部问题性质不同的另一类是非问题。

……

马克思主义的哲学认为，对立统一规律是宇宙的根本规律。这个规律，不论在自然界、人类社会和人们的思想中，都是普遍存在的。矛盾着的对立面又统一，又斗争，由此推动事物的运动和变化。矛盾是普遍存在的，不过按事物的性质不同，矛盾的性质也就不同。对于任何一个具体的事物说来，对立的统一是有条件的、暂时的、过渡的，因而是相对的，对立的斗争则是绝对的。……

社会主义社会的矛盾同旧社会的矛盾，例如同资本主义社会的矛盾，是根本不相同的。资本主义社会的矛盾表现为剧烈的对抗和冲突，表现为剧烈的阶级斗争，那种矛盾不可能由资本主义制度本身来解决，而只有社会主义革命才能够加以解决。社会主义社会的矛盾是另一回事，恰恰相反，它不是对抗性的矛盾，它可以经过社会主义制度本身，不断地得到解决。

在社会主义社会中，基本的矛盾仍然是生产关系和生产力之间的矛盾，上层建筑和经济基础之间的矛盾。不过社会主义社会的这些矛盾，同旧社会的生产关系和生产力的矛盾、上层建筑和经济基础的矛盾，具有根本不同的性质和情况罢了。

适用环境

课堂环境。

> **实践设计**

步骤一：教师结合教学要求，选定若干主题，分配给不同的学生小组进行研读，可以为小组选配研究生作为助教，指导小组完成读书讨论、搜集相关素材并整理汇报材料的任务。

步骤二：各小组选出一名或几名代表，结合研读与讨论情况，阐述本组的观点。

步骤三：教师点评。对各小组讨论情况进行点评。同时，对文献和史实分别进行解读和点拨。应该注意的是，教师要注重文献和史实研读方法的讲授。点评可参考如下：

社会主义社会还有没有矛盾？国际共产主义运动史上并没有解决这一问题。随着社会主义制度的建立，国内的敌我矛盾已经基本解决，层出不穷的人民内部矛盾逐渐显现和突出出来。1956年秋冬，国内出现一些工人罢工、学生罢课等不安定的情况。如何正确认识和处理这些新出现的矛盾，成为摆在全党面前亟待解决的新问题。1957年2月，毛泽东发表《关于正确处理人民内部矛盾的问题》的讲话，以辩证唯物主义和历史唯物主义为指导，在分析中国和其他社会主义国家在前进过程中所遇到的问题的基础上，第一次系统阐述了社会主义社会的矛盾问题。毛泽东提出了社会主义社会基本矛盾的概念，并系统分析了其性质、特点和解决办法；提出了正确区分和处理两类不同性质矛盾的学说。毛泽东明确提出，要把正确处理人民内部矛盾的问题作为国家政治生活的主题。这篇讲话在我国生产资料私有制的社会主义改造已经基本完成的情况下，明确指出革命时期的大规模的急风暴雨式的群众阶级斗争基本结束，并把正确处理人民内部矛盾作为我国政治生活的主题提了出来，具有重大的理论和实践意义，是毛泽东和中国共产党人在马克思主义发展史上对马克思列宁主义作出的又一独创性贡献。

> **效果监测**

强化学生分析问题和解决问题的能力，通过助教监测学生分组讨论的参与程度，对学生分组的报告进行评判，成绩可纳入课程总评。

（四）课堂讨论：改革开放前后两个历史时期之间的关系

> **教学主题**

如何看待改革开放前后两个历史时期之间的关系。

> **知识背景**

一段时间以来，社会上存在着两种将改革开放前后两个时期彼此割裂、相互对立的错误观点。一种观点是以改革开放前的历史时期否定改革开放后的历史时期；另一种观点则是以改革开放后的历史时期否定改革开放前的历史时期。《求是》杂志2019年第7期发表习近平总书记的重要文章《关于坚持和发展中国特色社会主义的几个问题》，深刻阐述了当前中国特色社会主义的根本理论和实践问题，旗帜鲜明地回答了当前党内存在的思想困惑，廓清了国内国外的诸多错误认识。文章指出，"不能用改革开放后的历史时期否定改革开放前的历史时期，也不能用改革开放前的历史时期否定改革开放后的历史时期"。"两个不能否定"重要精辟论述，对正确认识和把握改革开放前后两个历史时期的逻辑关系，具有十分重要的理论和实践意义。

适用环境

课堂环境。

实践设计

教学目的：通过组织课堂讨论，展示思辨过程，明辨是非，学会全面认识问题和解决问题的思想方法，使学生对"两个不能否定"有准确的理论认识，能够识别一些不坚持"两个不能否定"的典型言论，提高鉴别力。同时，练习有理有据地陈述并说明问题，坚持和论证自己的观点；锻炼语言组织能力和抓住要点快速应对的能力；学会与他人合作，强化团队意识。

步骤一：讨论准备。教师或者课程助教作为组织人员，将学生分成若干小组。指导学生明晰课堂实践教学的具体任务和要求，提前准备好相关素材，包括文字、图片或音像资料等，围绕讨论要点，从各方面寻找论据，形成自己的观点，并认真做好记录。

以改革开放前后两个历史时期之间的关系为讨论案例，具体准备论题涉及的问题如下：

（1）中国共产党对改革开放前后两个历史时期之间关系的解读是如何演进的？

（2）社会上将改革开放前后两个历史时期彼此割裂、相互对立的观点表现在哪些方面？

（3）在如何看待改革开放前后两个历史时期之间关系的观点中出现了历史虚无主义的论断，应如何对待这种观点？

步骤二：组织实施。首先，由各小组发言人依次陈述自己小组的观点并提出论据。在小组发言人陈述完本组观点后，其他小组可有理有据地进行评论和补充，或指出该小组认识的不足，并予以纠正。当小组发言人无力应对、反应迟缓时，可由本组成员进行支援，尽量使学生做到各抒己见、畅所欲言。为使讨论气氛活跃，教师或者助教可在讨论过程中灵活介入，或评价或激励或引导，保证讨论的持续性。

步骤三：评议总结。讨论结束后，教师应对整个讨论过程做出总结，吸纳各小组讨论的合理意见，陈述自己对问题的看法，加以点评。同时，指出此次讨论存在的问题。

效果监测

评价各小组讨论的素材准备质量，通过课堂讨论的过程观测学生的参与度和对问题认识的程度，可发挥助教作用对整个研讨实施过程监控，准确记录每个学生的表现，得出小组和个人两个维度的最终得分情况。

五、拓展思考

（1）中共八大前后中国在探索自己的社会主义道路时取得了哪些重要成果？

（2）为什么说反右派斗争是必要的但犯了严重扩大化的错误？

（3）如何运用毛泽东关于社会主义社会基本矛盾的原理来认识当今中国的改革？

（4）怎样正确认识和评价毛泽东的历史地位？

（5）如何理解探索中国自己的社会主义道路"始于毛，成于邓"？

（6）怎样正确评价"文化大革命"的十年，如何吸取"文化大革命"的历史教训？

重点回顾·知识速递

（1）1958年5月5日至23日，中共八大二次会议举行，正式通过"鼓足干劲、力争上游、多快好省地建设社会主义"的总路线。会后，"大跃进"运动在全国展开。

（2）1959年9月26日，大庆油田被发现。

（3）1961年1月14日至18日，中共八届九中全会召开。全会正式通过对国民经济实行"调整、巩固、充实、提高"的方针，国民经济转入调整的轨道。

（4）1962年1月11日至2月7日，中共中央召开扩大的工作会议（即七千人大会），总结经验，统一认识，强调加强民主集中制，切实贯彻调整国民经济的方针，以迅速扭转国民经济困难的局面。9月24日至27日，中共八届十中全会召开。会议把社会主义社会一定范围内存在的阶级斗争进一步扩大化和绝对化，强调阶级斗争必须年年讲、月月讲、天天讲。

（5）1963年3月5日，《人民日报》发表毛泽东"向雷锋同志学习"的题词。全国掀起学习雷锋先进事迹的热潮。

(6) 1964年10月16日，中国第一颗原子弹爆炸成功。中国政府发表声明：在任何时候、任何情况下，都不会首先使用核武器。中国掌握核武器，完全是为了防御。1966年10月27日，我国第一颗装有核弹头的地地导弹飞行爆炸成功。1967年6月17日，我国第一颗氢弹空爆试验成功。1970年4月24日，我国第一颗人造地球卫星"东方红一号"成功发射。

(7) 1965年9月9日，西藏自治区宣告成立，首府设于拉萨市。

(8) 1966年2月7日，新华社播发长篇通讯《县委书记的榜样——焦裕禄》。随后，全国掀起学习焦裕禄的热潮。

(9) 1966年5月，中共中央政治局召开扩大会议，通过由毛泽东主持制定的《中国共产党中央委员会通知》（简称"五一六通知"）。8月1日至12日，中共八届十一中全会召开，通过《中国共产党中央委员会关于无产阶级文化大革命的决定》。这两次会议的召开，是"文化大革命"全面发动的标志。"文化大革命"历经10年，使党、国家和人民遭到新中国成立以来最严重的挫折和损失。1971年9月13日，林彪、叶群等人叛国外逃，在蒙古温都尔汗附近机毁人亡。林彪集团的覆灭，客观上宣告了"文化大革命"的理论和实践的失败。

(10) 1971年10月25日，中国恢复联合国合法席位。

(11) 1972年2月21日至28日，尼克松访华，发表《中美联合公报》。9月25日至29日，日本国内阁总理大臣田中角荣应邀访问中国，谈判并解决中日邦交正常化问题。29日，中日两国政府发表《联合声明》，宣布即日起建立外交关系。

(12) 1974年8月1日，中央军委发布命令，将我国自行设计制造的第一艘核潜艇命名为"长征一号"，正式编入海军战斗序列。人民海军从此进入拥有核潜艇的新阶段。

(13) 1975年11月26日，我国成功发射一颗返回式遥感人造地球卫星，成为继美、苏之后第三个掌握卫星回收技术的国家。

(14) 1976年10月6日，中共中央政治局执行党和人民的意志，采取断然措施，一举粉碎"四人帮"。延续10年之久的"文化大革命"至此结束。

| 本章结语 |

　　从 1956 年到 1978 年，以毛泽东为核心的党的第一代中央领导集体为探索适合中国国情的社会主义建设道路，付出了艰辛的努力，既取得了积极的成果，也遭受了重大挫折。正如中共十一届六中全会指出的："我们现在赖以进行现代化建设的物质技术基础，很大一部分是这个期间建设起来的；全国经济文化建设等方面的骨干力量和他们的工作经验，大部分也是在这个期间培养和积累起来的。这是这个期间党的工作的主导方面。"这十年的主题或主线，仍是围绕探索中国自己的社会主义建设道路展开的，正确或错误的探索、经验和教训，都为以邓小平为核心的党的第二代中央领导集体开辟中国特色社会主义道路做了重要的理论和实践准备。中国特色社会主义道路既是对 1978 年以前的失误和挫折教训的汲取，也是对这一时期正确方面的继承和发展。

第三章

改革开放与中国特色社会主义的开创
（1978—1992）

一、内容聚焦

本章主要围绕开辟中国特色社会主义伟大事业（1978—1992）的发展阶段，概述了这一时期政治、经济、文化、社会、外交等方面的重大转折和成就，展现了我国改革开放的伟大历程。在中国共产党的领导下，改革开放和社会主义现代化建设新时期的中国政治体制改革和民主政治建设、经济体制改革和经济建设、文化体制改革和社会主义精神文明建设、社会生活发展以及对外关系的发展水平等方面都获得了全面提升，顺利实现了第一个战略目标，开始向第二个战略目标进军。社会主义中国在经受了严峻考验后，向着改革开放事业纵深发展的新时代，扎扎实实地迈进。

（一）真理标准问题大讨论与执政党指导思想的拨乱反正

真理标准问题大讨论是"文化大革命"结束以后为反对个人崇拜、纠正"左"的错误而开展的一次全国性思想解放的讨论。1976年10月"文化大革命"结束，但是党内仍有人继续坚持"左"的方针，阻挠对过去"左"的错误进行拨乱反正。1978年5月10日，中共中央党校内部刊物《理论动态》第60期发表了《实践是检验真理的唯一标准》。5月11日，《光明日报》以特约评论员文章的形式公开发表此文，新华社全文转发。文章说，检验真理的标准只能是社会实践，理论与实践的统一是马克思主义的一个最基本的原则，从而否定了"两个凡是"的观点。文章在全国范围内引起了强烈的反响，引发了一场关于真理标准问题的大讨论。在此后半年多的时间里，全国各地主要报刊刊登了这方面的大量文章。"实践是检验真理的唯一标准"的思想为人民所接受和肯定。6月2日，邓小平在全军政治工作会议上着重阐述毛泽东关于实事求是、一切从实际出发、理论与实践相结合的根本观点和方法。

（二）中共十一届三中全会与党的工作重心的战略性转移

中共十一届三中全会于1978年12月18日至22日在北京举行。全会的中心议题是讨论把全党工作重点转移到社会主义现代化建设上来。中共十一届三中全会结束了粉碎"四人帮"之后两年党的工作在徘徊中前进的局面，实现了新中国成立以来党的历史的伟大转折。这个伟大转折，是全局性的、根本性的，集中表现在以下几个方面：

第一，全会实现了思想路线的拨乱反正。

思想路线的拨乱反正是各方面拨乱反正的前提和先导。全会冲破了党的指导思想上存在的教条主义和个人崇拜，批评了"两个凡是"的方针，高度评价了关于真理标准问题的讨论，指出实践是检验真理的唯一标准是党的思想路线的根本原则，从而重新确立了马克思主义实事求是的思想路线。

第二，全会恢复了党的民主集中制传统。

全会讨论并着重提出了健全社会主义民主和加强社会主义法制的任务。全会决定根据党的历史经验，健全党的民主集中制，健全党规党法，严肃党纪；全体党员和党的干部，人人遵守纪律，是恢复党和国家正常政治生活的起码要求；强调党中央和各级党委要加强集体领导。

第三，全会作出了实行改革开放的新决策，启动了农村改革的新进程。

全会在讨论华国锋总理提出的1979年、1980年两年的国民经济计划安排时，提出了要注意解决国民经济重大比例失调，搞好综合平衡的要求。全会还讨论了农业问题，认为农业这个国民经济的基础就整体来说还十分薄弱，只有大力恢复和加快发展农业生产，才能提高全国人民的生活水平。全会提出了当前发展农业的一系列政策措施，并同意将《中共中央关于加快农业发展若干问题的决定（草案）》等文件发到各省、市、自治区讨论和试行。这个文件在经过修改和充实之后正式发布，接着一些重要的农业方面的文件相继制定和发布施行，有力地推动了农村改革的进程。

第四，全会开始了系统地清理重大历史是非的拨乱反正。

全会讨论了"文化大革命"中发生的一些重大政治事件，也讨论了"文化大革命"前遗留下来的某些历史问题。会议肯定了1975年邓小平受毛泽东委托主持中央工作期间各方面工作取得的显著成绩，肯定了他和中央其他领导同志对"四人帮"干扰破坏进行的斗争。会议审查和纠正了过去对彭德怀、陶铸、薄一波、杨尚昆等同志所作的结论，肯定了他们对党和人民的贡献。

（三）1982年《宪法》与有中国特色的社会主义法制建设

1982年12月4日，五届全国人大五次会议通过了新修改的《宪法》（"八二宪法"）。此后，我国宪法历经1988年、1993年、1999年、2004年、2018年五次修订。

"八二宪法"主要内容包括：将国家性质由"无产阶级专政"恢复为"人民民主专政"；将知识分子与工人、农民并列为三支基本的社会力量；恢复设立国家主席；中央军委主席改由全国人大选举；国务院实行总理负责制；规定国家、全国人大、国务院领导人连续任职不得超过两届，取消了领导职务的终身制；新增"公民的人格尊严不受侵犯"的条文；承认国营、集体、个体三种经济都不可缺少，申明国家保护个体经济的合法权益等。

随着法制建设的加强，中国开始了由主要依靠政策管理国家到政策和法律并驾齐驱管理国家事务的转变。胡耀邦在中共十二大政治报告中特别强调，中国共产党要领导人民继续制定和完备各种法律，加强党对政法工作的领导，从各方面保证政法部门严格执法。

（四）基本政治制度的恢复与完善

中共十一届三中全会以后，中国共产党和中国政府恢复与改善了中国共产党领导的多党合作和政治协商制度以及民族区域自治制度，落实侨务政策和恢复侨务工作，落实宗教政策和恢复宗教工作，加强了对台港澳的工作，提出了"一国两制"科学构想和基本国策。

第一，中国共产党领导的多党合作和政治协商制度的恢复与完善。

中国共产党领导的多党合作和政治协商制度是当代中国基本的政治制度，在"文化大革命"中遭到了严重破坏，亟待恢复和加强。1981年12月至1982年1月，中共中央召开了全国统战工作会议，要求放手让各民主党派独立自主地开展工作，发挥它们的主动性和创造性，使中国共产党领导下的多党合作在四项基本原则的基础上进一步发展。1982年9月，中共十二大重申了共产党实行多党合作的一贯方针，提出了中国共产党同各民主党派"长期共存、互相监督、肝胆相照、荣辱与共"的方针。这是新时期爱国统一战线的基本方针，也是中国共产党领导的多党合作和政治协商制度的指导方针。

第二，民族区域自治制度的逐步完善。

1978年《宪法》恢复了1954年《宪法》中关于民族问题的条款。中国共产党和中国政府恢复了民族工作机构，设立国家民族事务委员会，主管全国民族工作。1982年《宪法》完全恢复了民族区域自治制度，并且在总结新中国成立以来民族区域自治正反两方面经验教训的基础上，进一步扩大了民族自治地方的自治权，规定了民族自治机关在经济、政治、语言文字、宗教信仰、生活习惯等社会生活方面的自主权。

第三，落实侨务、台胞、台属政策，提出祖国和平统一方针，明确"一国两制"构想，不断推进祖国统一大业。

1984年5月，六届全国人大二次会议正式使用"一个国家，两种制度"的说法来表述中国政府解决中国统一问题的基本国策，其内容和含义包括：一是坚持一个中国，世界上只有一个中国，即中华人民共和国，台湾、香港、澳门都是中华人民共和国不可分割的组成部分；二是坚持两种制度，即在统一的中华人民共和国内，国家主体坚持社会主义制度，台湾、香港、澳门保持原有的资本主义制度不变；三是保持台湾、香港、澳门的高度自治和繁荣稳定局面。"一国两制"的科学构想,既体现了维护祖国统一、维护国家主权的原则性,又充分考虑台湾、香港、澳门的历史和现实,具有高度的灵活性,是推进祖国和平统一大业的基本方针。

第四,调整落实宗教政策,恢复和加强宗教工作。

1982年3月,中共中央19号文件颁布,阐明了宗教的基本含义,指出宗教包含宗教信仰、宗教感情、宗教仪式和宗教组织四个方面的内容,揭示了宗教的本质和特征,阐述了宗教存在的长期性,提出了社会主义条件下解决宗教问题的根本途径,明确了当代中国宗教问题的社会性质,形成了处理社会主义初级阶段宗教问题的纲领性文件。

(五)新时期的经济体制改革和经济建设

随着中国共产党和当代中国的工作重点转移到经济建设上来,为改变经济困难的状况和解决"大跃进"带来的新的国民经济缺乏综合平衡和比例严重失调的问题,急需对国民经济进行调整和恢复。

1979年3月,中共中央决定设立由陈云和李先念负责的国务院财政经济委员会,作为全面负责财政经济工作的领导机构。4月,中共中央召开国民经济调整问题的工作会议,李先念作了题为《关于国民经济调整问题》的重要讲话,提出"调整、改革、整顿、提高"的新"八字方针":以调整为中心,边调整边前进,在调整中改革,在调整中整顿,在调整中提高。

1982年1月1日,中共中央批转的《全国农村工作会议纪要》是第一个中央一号文件。文件指出,目前农村正在实行的各种责任制,包括小的包工定额计酬,专业承包联产计酬,联产到劳,包产到户、到组,包干到户、到组等,都是社会主义集体经济的生产责任制。此后,全国各地开始了包产到户的全面推广和不断完善、总结和提高。

1984年10月,中共十二届三中全会通过了《中共中央关于经济体制改革的决定》(以下简称《决定》),阐明了加快以城市为重点的整个经济体制改革的必要性、紧迫性,规定了改革的方向、性质、任务和各项基本方针政策。《决定》突破了把计划经济同商品经济对立起来的传统观念,确认当代中国社会主义经济是公有制基础上有计划的商品经济,商品经济的充分发展是社会经济不可逾越的阶段,是实现当代中国经济现代化的必要条件。

创办经济特区是经济体制改革的一种尝试,也是对外开放的突破口。中国的对外开放,是从沿海开始,逐步向沿江、沿边城市发展,继而扩大到内地,呈现出自"点"至"面"的全面开放格局。1979年4月邓小平首次提出要开办"出口特区",后于1980年3

月,"出口特区"改名为"经济特区",并在深圳实施。按其实质,经济特区也是世界自由港区的主要形式之一。

1992年1月18日至2月21日,党和国家事业发展又处于一个关键时刻,邓小平先后到武昌、深圳、珠海、上海等地视察,并就一系列重大问题发表谈话。邓小平的南方谈话,深刻总结了党的十一届三中全会以来的基本经验,明确回答了长期困扰和束缚人们思想的许多重大认识问题,是把改革开放和现代化建设推向新阶段的又一个解放思想、实事求是的宣言书。

(六)新时期的文化体制改革和社会主义精神文明建设

新时期的中国在文化方面,恢复了高考,进行了教育体制改革,召开了全国科学大会,迎来了"科学的春天",并开展了一系列精神文明创建活动,取得了很大的成就。

1977年10月12日,国务院正式宣布当年立即恢复高考。1977年冬和1978年夏的中国,迎来了世界历史上规模最大的考试,报考总人数达到1160万人。1978年3月18日至31日,中共中央、国务院在北京隆重召开了全国科学大会。这是我国科学史上空前的盛会,标志着我国科技工作经过"十年动乱"后终于迎来了"科学的春天"。1980年1月,邓小平在《目前的形势和任务》的讲话中强调,现在经济和教育的发展不成比例,对教育的投资太少,今后要大力增加对教育的投入。1982年9月,中共十二大指出"四个现代化的关键是科学技术的现代化",而教育又是基础,把教育作为经济发展的战略重点之一,初步确立教育在社会主义现代化建设中的战略地位。1981年2月25日,全国总工会、共青团中央、全国妇联等9个单位联合发出《关于开展文明礼貌活动的倡议》,向全国人民特别是青少年提出开展以讲文明、讲礼貌、讲卫生、讲秩序、讲道德和心灵美、语言美、行为美、环境美为主要内容的"五讲四美"活动;2月28日,中宣部、教育部等联合发出《关于开展文明礼貌活动的通知》,要求各级宣传和教育、文化、卫生、公安等部门,积极支持各群众团体开展文明礼貌活动,并把它作为建设社会主义精神文明的一件大事,认真抓好。

(七)新时期的中国社会面貌

自1978年中共十一届三中全会开启中国改革开放和社会主义现代化建设新时期,至20世纪90年代初期的14年间,随着新中国经济发展水平和综合国力的显著提高,经济发展战略的第一步已经实现,人民群众的生活水平和生活质量都得到了显著提高。新时期人民群众精神生活水平和生活质量的进步，促进了传统社会生活方式向现代生活方式的转型，既是改革开放和现代化建设的产物，又推动着改革开放的深入和中国社会的现代化进程。

改革开放以来，社会福利和社会保障体制的改革和完善成为中国共产党和中国政府的一项重要工作。20世纪80年代初到1984年，国务院先后颁布了多个行政性规定，对传统社会保障制度进行修补和改进。1984年至1991年，这是中国社会保障体制改革的初步尝试时期。从1991年开始，中国社会保障真正开始进入局部改革阶段。1991年，"八五"计划和十年规划进一步提出努力推进社会保障制度的改革。城乡流动和社会秩序也发生了新变化：第一阶段是从1978年到1983年，这是城乡流动的初步发展阶段；第二阶段是从1984年到1988年，这是城乡流动迅速发展的"黄金时期"；第三阶段是从1989年到1991年，这是城乡流动的缓慢调整阶段。改革开放以来，商品经济的大潮冲决了"现代禁欲主义"的堤坝，压抑已久的对物质生活和世俗幸福的追求，不可阻挡地迸发而出，使人们感到前所未有的解放，从而开始了中国人生活方式和价值观念的变革，人们以更大的兴趣去追求正当的"世俗化"的社会生活和社会风尚，而不再向往"社会历史的高尚"。

（八）新时期的中国外交

中共十一届三中全会后，随着党和国家工作重点的转移和改革开放的展开，争取一个有利于我国现代化建设的国际和平环境越来越成为全党的共识。基于国际形势的发展变化，党中央开始对外交政策进行重大调整，实行两个重大转变。

中美关系、中苏关系逐渐走向正常化。1970年，中美恢复大使级会谈。1971年4月，在日本参加第31届世界乒乓球锦标赛的美国乒乓球队向中国乒乓球队表示希望访华。4月6日，中国乒乓球协会邀请美国乒乓球队访华。1971年7月和10月美国总统国家安全事务助理基辛格两次秘密到访中国，为尼克松总统访华做准备。《中美联合公报》是中美两国签署的第一个指导双边关系的文件，它的发表，标志着中美隔绝状态的结束和关系正常化进程的开始，中美交往的大门终于被打开。1989年5月15日，戈尔巴乔夫以"苏共中央总书记"和"苏联最高苏维埃主席团主席"的双重身份，开始对中国进行为期4天的正式访问。这是苏联最高领导人30年来首次踏上中国的领土。

1989年5月16日上午，中共中央军委主席邓小平和苏联最高苏维埃主席团主席、苏共中央总书记米哈伊尔·戈尔巴乔夫宣布，中苏两国关系实现了正常化。

新时期的中国同时也加强了同周边各国的外交。我们加强和改善与日本的关系，加强了与朝鲜、蒙古、印度以及与越南、老挝及其他东南亚国家之间的关系。同时，我们也积极参与国际事务，开创外交工作的新局面。

（九）在严峻考验中推进改革开放

1992年邓小平南方谈话是在国际国内政治风波严峻考验的重大历史关头，坚持十一届三中全会以来的理论和路线，深刻回答长期束缚人们思想的许多重大认识问题，把改革开放和现代化建设推进到新阶段的又一个解放思想、实事求是的宣言书。

1. 邓小平南方谈话的历史背景

1979年，中国经济体制改革启动。伴随着改革的推进，旧的计划经济体制因素逐渐解体，新的市场经济体制因素迅速成长。基于两种不同体制因素的新旧利益格局的冲突和摩擦日益加剧，经济运行出现日益严重的失序；宏观经济运行格局与态势在双重经济体制之下的运行中积累的不健康因素逐渐增多，经济逐渐趋向过热。1988年，中央不得不决定对国民经济实行3年"治理整顿"。与此同时，人们对改革开放产生了两种截然不同的看法。一是用传统社会主义观点衡量改革，否定改革的"左"的看法；二是用新的社会主义观点看待改革，肯定改革开放的观点。1989年政治风波以后，第一种观点迅速抬头，逐渐发展，并开始影响整个社会思潮。

到了20世纪80年代末、90年代初，中国的经济体制改革与对外开放实践面临严重的困境，改革开放在理论上遭遇诸多难题的困扰。首先，经济运行中存在的深层次问题尚未得到根本解决，在治理整顿期间，经济发展速度有所放缓，在指导思想上则面临着冲击和动摇党在社会主义初级阶段基本路线的危险。其次，经济体制改革陷入停滞甚至局部倒退的困境，在理论上面临被从根本上否定的危险。第三，对外开放举步维艰，在理论上遭遇重重困难。与此同时，"左"的思想与势力趁政治风波以后国内局势的变化以及原苏东社会主义国家放弃社会主义道路以后的国际局势的变化获得了抬头与发展的"契机"与"势能"。

总之，20世纪最后10年的中国和世界，从一开始就很不太平。刚刚经历了1989年政治风波的中国，许多事情尚未理顺头绪，接连又遭遇苏联解体、东欧剧变的重大变故，偌大的一个社会主义大家庭，顷刻间不战自溃。严峻的事实发人深思：今后的世界要向何处去？社会主义的命运将会如何？中国今后该怎么办？

中国面对这些前所未有的世界性的历史难题，各式各样的人物都相继登场，给出了自己的答案。西方敌对势力大肆宣扬"共产主义大溃败"，国内一些坚持资产阶级自由化的人也主张放弃四项基本原则，走"西化"的道路。党内和一部分干部群众中一度出现了对党和国家改革开放政策的模糊认识,甚至出现了姓"资"还是姓"社"的争论。这些实际上都涉及要不要坚持以经济建设为中心的党的"一个中心、两个基本点"的基本路线,中国走什么道路的问题。

由此可见,20世纪80年代末期、90年代初期的中国,处在社会主义改革开放、社会主义现代化道路与模式探索不进则退的临界点上,处在选择前进方向的十字路口上。如果不迅速摆脱这种困境,任其不良倾向发展,十一届三中全会以来中国共产党确立的正确的思想路线、组织路线、政治路线就会被扭曲,中共十三大确立的社会主义初级阶段的基本路线就会被扭转,中国现代化"三步走"的战略也会"流产",社会主义改革开放事业就会中途搁置,一句话,中国共产党领导中国人民开创的社会主义现代化建设新局面就会中途葬送,中国的社会主义事业可能再次偏离正确的路线。

在这个关键时刻,邓小平作为中国改革开放的总设计师,勇敢地站出来,力排众议、拨正船头,引导建设有中国特色的社会主义的航船驶向光明的彼岸。

2. 邓小平南方谈话的主要内容

邓小平南方重要讲话,共6个部分、18个方面、近万字,贯穿其中的一个核心问题,就是要坚持党的基本路线不动摇,这是讲话的灵魂。讲话的重点是:不坚持社会主义,不改革开放,不发展经济,不改善人民生活,就没有出路;革命是解放生产力,改革也是解放生产力;改革开放的胆子要大一些,敢于试验,看准了的,就大胆地试、大胆地闯;要提倡科学,靠科学才有希望;要坚持两手抓,一手抓改革开放,一手抓打击各种犯罪活动,这两手都要硬。主要包括以下六方面内容:

第一,坚持党的"一个中心、两个基本点"的基本路线,一百年不动摇。邓小平说:革命是解放生产力,改革也是解放生产力。推翻帝国主义、封建主义、官僚资本主义的反动统治,使中国人民的生产力获得解放,这是革命,所以革命是解放生产力。社会主义基本制度确立以后,还要从根本上改变束缚生产力发展的经济体制,建立起充满生机和活力的社会主义经济体制,促进生产力的发展,这是改革,所以改革也是解放生产力。要坚持党的十一届三中全会以来的路线、方针、政策,关键是坚持"一个中心、两个基本点"。不坚持社会主义,不改革开放,不发展经济,不改善人民生活,只能是死路一条。基本路线要管一百年,动摇不得。

第二,加快改革开放的步伐,大胆地试、大胆地闯。邓小平说,改革开放胆子要大一些,敢于试验。要害是姓"资"还是姓"社"的问题,判断的标准,应该主要看是否有利于发展社会主义社会的生产力,是否有利于增强社会主义国家的综合国力,是否有利提高人民的生活水平。关于计划与市场的关系问题，邓小平说，计划多一点还是市场多一点，不是社会主义与资本主义的本质区别。计划经济不等于社会主义，资本主义也有计划；市场经济不等于资本主义，社会主义也有市场。计划和市场都是经济手段。社会主义的本质，是解放生产力，发展生产力，消灭剥削，消除两极分化，最终达到共同富裕。社会主义要赢得与资本主义相比较的优势，就必须大胆吸收和借鉴人类社会创造的一切文明成果，吸收和借鉴当今世界各国包括资本主义发达国家的一切反映现代社会化生产规律的先进经营方式、管理方法。走社会主义道路，就是要逐步实现共同富裕。在谈到"左"和右的问题时，邓小平强调，要警惕右，但主要是防止"左"。

第三，抓住有利时机，集中精力把经济建设搞上去。邓小平说，抓住时机，发展自己，关键是发展经济。我国的经济发展，总要力争隔几年上一个台阶。他强调，发展才是硬道理。现在，我们国内条件具备，国际环境有利，再加上发挥社会主义制度能够集中力量办大事的优势，在今后的现代化建设长期过程中，出现若干个发展速度比较快、效益比较好的阶段，是必要的，也是能够办到的。邓小平强调了科技和教育在经济发展中的作用。他指出，经济发展得快一点，必须依靠科技和教育。科学技术是第一生产力。

第四，坚持两手抓，两手都要硬。邓小平说，要坚持两手抓，一手抓改革开放，一手抓打击各种犯罪活动。这两只手都要硬。他强调，在整个改革开放过程中都要反对腐败。对干部和共产党员来说，廉政建设要作为大事来抓，还是要靠法制，搞法律靠得住些。邓小平还强调，在整个改革开放过程中，必须始终注意坚持四项基本原则，反对资产阶级自由化。

第五，正确的政治路线要靠正确的组织路线来保证。邓小平指出，中国要出问题，还是出在共产党内部。对这个问题要清醒，要注意培养人，要按照"革命化、年轻化、知识化、专业化"的标准，选拔德才兼备的人进班子。邓小平强调，要进一步找年轻人进班子。要注意下一代接班人的培养。邓小平还谈到形式主义的问题。他指出，形式主义也是官僚主义。要腾出时间来多办实事，多做少说。在谈到学习马列主义理论问题时，邓小平强调，学马列要精，要管用。实事求是是马克思主义的精髓。要提倡这个，不要提倡本本。

第六，坚定社会主义信念。邓小平说，一些国家出现严重曲折，社会主义好像被削弱了，但人民经受锻炼，从中吸取教训，将促使社会主义向着更加健康的方向发展。我们要在建设有中国特色的社会主义道路上继续前进。

3. 邓小平南方谈话的重大历史意义

邓小平同志的南方谈话在国内外产生了巨大的影响。他在中国面临向何处去的重大历史关头，高举改革开放旗帜，坚持解放思想，抓住历史机遇，大大加快了中国的发展。中共中央连续发出文件，就全党学习邓小平南方谈话和在经济建设、思想文化建设和党的建设等领域贯彻南方谈话精神，作出了一系列的决策和部署。形势真正是"东方风来满眼春"。邓小平南方谈话的学习和贯彻成了召开中共十四大最重要的思想、理论准备和推进改革开放步入新阶段、跨上新台阶的强大动力。江泽民在中共十五大报告中，对南方谈话作了一个很深刻很准确的历史评价。他说："一九九二年邓小平南方谈话，是在国际国内政治风波严峻考验的重大历史关头，坚持十一届三中全会以来的理论和路线，深刻回答长期束缚人们思想的许多重大认识问题，把改革开放和现代化建设推进到新阶段的又一个解放思想、实事求是的宣言书。"

通过本章的学习，在知识层面上，引导学生深入了解从1978年中共十一届三中全会召开到1992年邓小平南方谈话这14年间国际发生的重大变化和国内的重要转折，深刻认识"改革开放"这个"关键一招"的重大历史意义。在此基础上，使学生全面了解我国改革开放新时期以来在经济建设、政治体制改革、文化体制改革、社会主义精神文明建设、社会生活发展和对外关系等方面的重大转折和取得的成就。

在情感、态度、价值观层面上，使学生通过学习我国在改革开放和社会主义现代化建设新时期的14年里所取得的各方面的建设成就，明确实行改革开放是坚持和发展中国特色社会主义的必由之路，只有中国特色社会主义才能发展中国。通过学习，激发学生的爱国主义情感，引导学生形成正确的世界观、价值观、人生观。

在政治认同层面上，使学生能够在政治价值、政治立场和政治地位上认同我国改革开放的伟大实践，坚定只有中国特色社会主义才能发展中国的信念，明确对"四项基本原则"的政治认同。1978年到1992年这一阶段的中国，在中国共产党的带领下开启了改革开放的伟大征程，习近平总书记在庆祝改革开放40周年大会上的重要讲话中强调："改革开放是我们党的一次伟大觉醒，正是这个伟大觉醒孕育了我们党从理论到实践的伟大创造。改革开放是中国人民和中华民族发展史上一次伟大革命，正是这个伟大革命推动了中国特色社会主义事业的伟大飞跃！"因此必须坚持中国共产党的领导，坚持改革开放，坚持中国特色社会主义道路。

二、知识要点

改革开放与中国特色社会主义的开创

- **真理标准问题大讨论与执政党指导思想的拨乱反正**
  - "文化大革命"结束，纠正"左"的错误
  - 《理论动态》第60期发表了《实践是检验真理的唯一标准》
  - 《光明日报》转发了《实践是检验真理的唯一标准》

- **中共十一届三中全会与党的工作重心的战略性转移**
  - 全会实现了思想路线的拨乱反正
  - 全会恢复了党的民主集中制的传统
  - 全会作出了实行改革开放的新决策，启动了农村改革的新进程
  - 全会开始了系统地清理重大历史是非的拨乱反正

- **1982年《宪法》与有中国特色的社会主义法制建设**
  - 1982年第五届全国人民代表大会第五次会议正式通过并颁布《宪法》
  - "八二宪法"主要内容
    - 将国家性质由"无产阶级专政"恢复为"人民民主专政"
    - 将知识分子与工人、农民并列为三支基本的社会力量
    - 恢复设立国家主席
    - 中央军委主席改由全国人大选举
    - 国务院实行总理负责制
    - 规定国家、全国人大、国务院领导人连续任职不得超过两届，取消了领导职务的终身制
    - 新增"公民的人格尊严不受侵犯"的条文
    - 承认国营、集体、个体三种经济都不可缺少，申明国家保护个体经济的合法权益
  - 实现了由主要依靠政策管理国家到政策和法律并驾齐驱管理国家事务的转变

- **基本政治制度的恢复与完善**
  - 中国共产党领导的多党合作和政治协商制度的恢复与完善
  - 民族区域自治制度的逐步完善
  - 落实侨务、台胞、台属政策，提出祖国和平统一方针，明确"一国两制"构想
  - 调整落实宗教政策，恢复和加强宗教工作

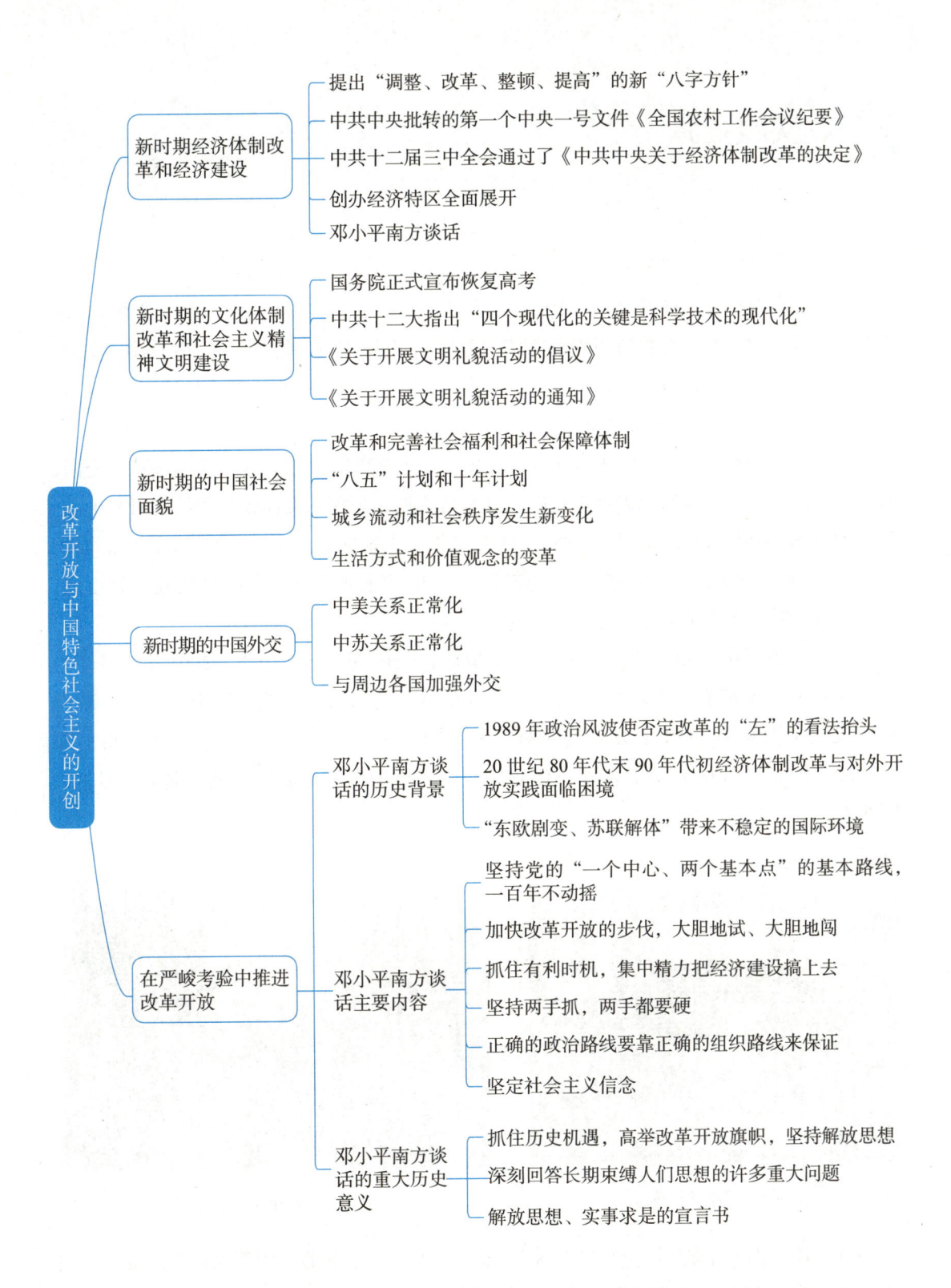

| 第三章 | 改革开放与中国特色社会主义的开创（1978—1992）

改革开放与中国特色社会主义的开创

新时期经济体制改革和经济建设
- 提出"调整、改革、整顿、提高"的新"八字方针"
- 中共中央批转的第一个中央一号文件《全国农村工作会议纪要》
- 中共十二届三中全会通过了《中共中央关于经济体制改革的决定》
- 创办经济特区全面展开
- 邓小平南方谈话

新时期的文化体制改革和社会主义精神文明建设
- 国务院正式宣布恢复高考
- 中共十二大指出"四个现代化的关键是科学技术的现代化"
- 《关于开展文明礼貌活动的倡议》
- 《关于开展文明礼貌活动的通知》

新时期的中国社会面貌
- 改革和完善社会福利和社会保障体制
- "八五"计划和十年计划
- 城乡流动和社会秩序发生新变化
- 生活方式和价值观念的变革

新时期的中国外交
- 中美关系正常化
- 中苏关系正常化
- 与周边各国加强外交

在严峻考验中推进改革开放

邓小平南方谈话的历史背景
- 1989 年政治风波使否定改革的"左"的看法抬头
- 20 世纪 80 年代末 90 年代初经济体制改革与对外开放实践面临困境
- "东欧剧变、苏联解体"带来不稳定的国际环境

邓小平南方谈话主要内容
- 坚持党的"一个中心、两个基本点"的基本路线，一百年不动摇
- 加快改革开放的步伐，大胆地试、大胆地闯
- 抓住有利时机，集中精力把经济建设搞上去
- 坚持两手抓，两手都要硬
- 正确的政治路线要靠正确的组织路线来保证
- 坚定社会主义信念

邓小平南方谈话的重大历史意义
- 抓住历史机遇，高举改革开放旗帜，坚持解放思想
- 深刻回答长期束缚人们思想的许多重大问题
- 解放思想、实事求是的宣言书

三、实践资源

（一）场馆

（1）深圳改革开放展览馆：位于广东省深圳市福田区福中路184号。深圳改革开放展览馆（深圳市当代艺术与城市规划馆四楼、五楼），面积6300平方米，运用照片、实物、视频、模型、场景、雕塑和高科技手段和互动体验项目，全面、生动和立体地展现了广东改革开放40年的壮阔历程和辉煌成就。

（2）深圳博物馆：位于广东省深圳市福田区福中路市民中心A区，北靠莲花山公园，南临深南大道，是一座以地志性为主的综合类博物馆，是深圳文物收藏和历史研究中心。深圳博物馆始建于1981年，于1988年11月开馆。占地面积约3.7万平方米，建筑面积1.8万平方米。深圳博物馆由展楼、工作楼、文物库和视听厅等4处独立的建筑物组成，形成一组内部功能现代化的建筑群。

（3）邓小平纪念馆：位于广安协兴镇境内，距广安市区7公里。2001年6月，为了表达对邓小平同志的无限怀念之情，征得邓小平同志家人同意，四川省委、省政府批准设立了面积为29.91平方公里的邓小平故居保护区，其核心区为占地830亩的邓小平纪念园。2016年12月，邓小平纪念馆被列入全国红色旅游经典景区名录（图3-1、图3-2）。

图3-1　邓小平纪念馆1　　　　　　图3-2　邓小平纪念馆2

（4）邓小平故居陈列馆：2004年8月13日，邓小平故居陈列馆于四川省广安市广安区协兴镇牌坊村开馆。时任中央军委主席江泽民为陈列馆题写了馆名。邓小平故居陈列馆

位于邓小平故居旁,是国内唯一一家以纪念邓小平为专题的博物馆。陈列馆以"我是中国人民的儿子"为主题,全景式地展现了邓小平和中国共产党人为国家富强、人民幸福而不懈奋斗的光辉历程(图3-3、图3-4)。

图 3-3　邓小平故居陈列馆

图 3-4　邓小平铜像

(5)邓小平缅怀馆:位于四川省广安市,建于邓小平故居陈列馆与邓小平故居之间,距离东南方向的邓小平故居陈列馆约70米。2013年2月27日,邓小平缅怀馆在邓小平故里开工奠基。邓小平缅怀馆的建设,旨在丰富邓小平故里教育基地内涵,更好地满足广大人民群众缅怀邓小平同志的需要,充分发挥邓小平故里全国爱国主义教育示范基地功能(图3-5)。

图 3-5　邓小平缅怀馆

（6）谷文昌纪念馆：位于东山国家森林公园的谷文昌纪念园内。该园由谷文昌纪念馆、陵园、塑像、管理楼以及正在筹建中的纪念广场、停车场等系列配套工程组成，占地面积150亩，建筑面积2200多平方米。2016年12月，入选《全国红色旅游景点景区名录》。2019年9月，被中宣部命名为"全国爱国主义教育示范基地"。

（二）文献

（1）《邓小平文选》第二卷，人民出版社1994年版。

（2）《邓小平文选》第三卷，人民出版社1993年版。

（3）毕竞悦：《中国四十年社会变迁》，清华大学出版社2018年版。

（4）厉以宁：《改革开放以来的中国经济：1978—2018》，中国大百科全书出版社2018年版。

（5）陈培永：《中国改革大逻辑》，广东人民出版社2018年版。

（6）人民文学出版社编辑部：《深圳报告：改革开放40年前沿记录》，人民文学出版社2018年版。

（7）新华社国家相册栏目组：《国家相册：改革开放四十年的家国记忆》，商务印书馆2018年版。

（8）吴晓波：《激荡人生——一起走过三十年》，人民文学出版社2008年版。

（三）影视

（1）电视剧《历史转折中的邓小平》：是由中共中央文献研究室和中共四川省委组织、指导，北京华影文轩影视文化有限公司、中央电视台等单位联合制作的一部电视剧。该剧描述了1976—1984年邓小平的主要活动，主要从1976年毛泽东同志逝世27天后开始讲起，直到1984年10月1日，邓小平在天安门城楼上检阅国庆游行队伍，游行队伍中的大学生自发地打出代表亿万人民心声的横幅"小平，您好！"止，其间历经粉碎"四人帮"，结束十年动乱，进行拨乱反正，国家走上改革开放的道路，对中国具有划时代的意义。

（2）纪录片《百炼成钢：中国共产党的100年》：共100集。每集以8分钟的时长，生动地讲述一个个故事。每个故事既相互连贯又相对独立。第40集至51集讲述了十一届三中全会到邓小平南方谈话14年的历史。

（3）纪录片《小岗人家四十年》：于2018年12月10日在《国家记忆》栏目中开播，12月14日收官。制作团队走进安徽省凤阳县小岗村的田间地头，在四季更迭中用真实的人物、生动的故事展现了农村改革历程。

（4）纪录电影《中国1978》：是为纪念中国改革开放30周年而拍摄的纪录电影，片长 90 分钟。该片充分利用中央新影所拥有的珍贵、翔实、权威的历史影像资料，以大气明快的风格，突出历史的厚重感和现实的生动性，以大事件为主线，穿插和突出描述细节故事，从人民生活、科学教育、干部路线、思想路线、政治路线等方面全面回顾了1978年这一年里中国所发生的变化。

（5）纪录片《国家相册——高考四十年》：国家相册是依托新华社中国照片档案馆而打造的，其中，高考四十年记录了恢复高考，改变了一代人的命运，也启动了国家发展的人才引擎。这部纪录片带您走近 40 年前恢复高考的建言者和高考的亲历者，揭秘恢复高考的台前幕后。

（6）电视政论片《风帆起珠江》：是深圳纪念改革开放30周年的重要文化工程。《风帆起珠江》以开阔的视角、精选的历史画面、宏大的叙事结构、深刻的解读论述，全方位地向观众展示全球化视野下中国的一系列历史抉择。

（7）电影《蒋筑英》：是长春电影制片厂摄制的传记片，由宋江波执导，巍子、奚美娟主演，于1992年上映。该片讲述了为光学事业献身的长春光机所副研究员蒋筑英短暂却光彩绚烂的人生故事。

四、实践案例

（一）走进纪念馆，制作学生现场讲解短视频

教学主题

了解深圳特区的创立与发展，感悟特区精神。

知识背景

兴办经济特区，是党和国家为推进改革开放和社会主义现代化建设进行的伟大创举。1978年12月，党的十一届三中全会作出把党和国家工作中心转移到经济建设上来、实行改革开放的历史性决策，动员全党全国各族人民为社会主义现代化建设进行新的长征。1979年4月，广东省委负责人向中央领导同志提出兴办出口加工区、推进改革开放的建议。邓小平同志明确指出，还是叫特区好，中央可以给些政策，你们自己去搞，杀出一条血路来。同年7月，党中央、国务院批准广东、福建两省实行"特殊政策、灵活措施、先

行一步",并试办出口特区。1980年8月,党和国家批准在深圳、珠海、汕头、厦门设置经济特区。1988年4月又批准建立海南经济特区,明确要求发挥经济特区对全国改革开放和社会主义现代化建设的重要窗口和示范带动作用。深圳是改革开放后党和人民一手缔造的崭新城市,是中国特色社会主义在一张白纸上的精彩演绎。深圳广大干部群众披荆斩棘、埋头苦干,用40年时间走过了国外一些国际化大都市上百年走过的历程。这是中国人民创造的世界发展史上的一个奇迹。

深圳改革开放展览馆(图3-6),位于中国广东省深圳市福田区福中路184号。深圳改革开放展览馆(深圳市当代艺术与城市规划馆四楼、五楼),面积6300平方米,运用照片、实物、视频、模型、场景、雕塑、高科技手段和互动体验项目,全面、生动和立体地展现了广东改革开放40年的壮阔历程和辉煌成就。

图3-6 深圳改革开放展览馆

深圳博物馆(图3-7)成立于1981年,是深圳建立的第一家文博机构,同时也是全国红色旅游经典景区和全国社会科学普及基地。深圳博物馆现有历史民俗馆、古代艺术馆、深圳改革开放展览馆和东江游击队指挥部旧址4处。"深圳改革开放史"则位于该馆的历史民俗馆内。它以改革开放史为核心内容,从历史沿革的角度展示了深圳改革开放的历程。通过深圳40年经济社会发展状况和不同阶段的目标任务,按时间顺序分为"敢闯敢试,杀出一条血路(1978—1992)""增创新优势,更上一层楼(1992—2002)""科学发展，走出一条新路（2002—2012）""勇于创新，夺取新时代中国特色社会主义伟大胜利（2012—　）"四个部分，通过2500余件（套）代表性实物、1200多张图片、220余份历史文件和25份影视资料全面展现了这座璀璨夺目的创新之城改革开放发展的历史。

图3-7　深圳博物馆

深圳特区40年的足迹在这座博物馆可以"尽收眼底"。40年来，深圳作为我国改革开放的"窗口""试验田"和"排头兵"，以敢为人先的精神，大胆探索，勇于实践，创造了令人赞叹的发展奇迹。深圳也将一如既往，"不忘初心、牢记使命"，为全国改革开放和社会主义现代化建设续写更多"春天的故事"。

适用环境

课外实地。

实践设计

步骤一：前期准备。将学生分成若干小组，指导每个小组结合纪念馆陈展的内容，选定一个主题进行宣讲稿件创作。

步骤二：现场宣讲录制。指导小组选拔成员担当展馆参观讲解员。依托场馆资源录制现场讲解视频，要求讲解清晰连贯，与小组其他成员合作完成对选定纪念馆或展览馆的介绍和解说。

步骤三：指导学生根据教学内容和实践参观成果完成短视频制作，并通过互联网传播平台进行推送。

效果监测

通过组织学生制作短视频的形式，使学生将学到的知识与展览馆参观实践的收获紧密相连，学以致用。由新媒体平台推送学生拍摄的短视频，通过教师评价、学生评价和互联网传播等方式进行综合评价。

（二）对比农村改革的过去与现在

教学主题

通过回顾小岗村改革开放 40 年来发展及与近年来山东烟台"党支部领办合作社"的对比，探寻中国乡村振兴的历史规律。

知识背景

为庆祝改革开放 40 周年，以中国农村改革策源地安徽省凤阳县小岗村为主要内容的纪录片《小岗人家四十年》（图 3-8）展现了小岗村从贫穷走向温饱，再从温饱走向富裕的变化，昭示改革开放与中国农民命运与共的联系。

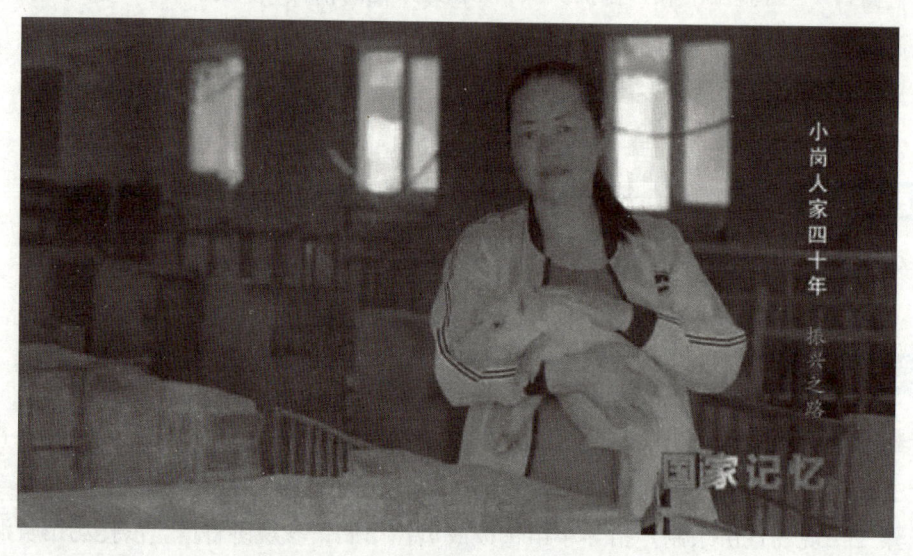

图 3-8 《小岗人家四十年》纪录片（一）

"纪录片的使命在于准确还原历史的本来面目,不仅要展现人们所熟知的历史片段,更应该讲述人们所缺乏了解的、连贯性的阶段故事。"在《小岗人家四十年》执行总导演李辉看来,小岗村"大包干"之后的这段故事并不被大多数人熟知。在接受《中国新闻出版广电报》记者采访时,李辉道出了拍摄该片的初衷:"《国家记忆》栏目的宗旨就是'为国家留史,为民族留记,为人物立传'。在改革开放40周年之际,应该为观众带来一部讲述我国改革发展历程的片子,中国的改革是从农村开启的,小岗村是农村改革的先行者,我们有责任带领观众去探寻那段历史。"(图3-9)

图3-9 《小岗人家四十年》纪录片(二)

为了全面展示改革开放40年来小岗村的改革、发展、变化之路，该纪录片分为《一声惊雷》《岗上情深》《希望田野》《振兴之路》《小岗大道》5集内容，以小岗村"大包干"带头人和新小岗人为故事主角，以小岗村几代村民在农村改革、农业生产和农民生活中的鲜活故事为载体，勾勒出改革开放40年来小岗村的改革、发展、变化之路。

1978年冬天，安徽省凤阳县梨园公社小岗生产队的18户农民在他们决心搞"大包干"的那份契约上按下18个鲜红的手印。他们没有想到，自己准备承担的那份风险竟然没有降临；他们更没有想到，那18个红手印竟然成了点燃中国农村改革的星星之火。在第一集《一声惊雷》讲述了"大包干"背后的动人故事之后，从第二集起便徐徐呈现20世纪八九十年代小岗村面临"一夜跨过温饱线，20年未过富裕坎"的困境。村民的心跟着土地承包经营权的发展而跳动，在国家政策的不断支持下，村民们拓展多样化经营、实行土地流转、探寻农业生产现代化之路。如今迎着乡村振兴战略的东风，他们直奔"改革标志，幸福小岗"，年轻一代小岗人继承了父辈们的精神，继续编织新的小岗梦。小岗村的变化也是我国改革开放的一个缩影。历史不仅记录着过去，也启示着未来。

与山东烟台"党支部领办合作社"进行跨越时空的对比。近年来，烟台市委创造性地贯彻落实习近平总书记"打造乡村振兴齐鲁样板"的重要指示要求，坚持和加强党对农村工作的全面领导，强化党支部政治引领功能，充分利用合作社联结群众、发展产业的优势，大力推行村党支部领办合作社发展新型集体经济，通过股份合作、抱团发展、规模经营，建立起集体和群众利益共享、风险共担的经济利益共同体，走出一条既强村又富民的共赢之路，有效助推全市村庄踏上脱贫致富"快车道"。

村党支部领办合作社，是烟台市委立足统筹解决农村党支部弱、集体穷、群众散、产业衰等现实问题，将党支部政治优势和合作社经济优势有机结合，主动适应农村生产力发展和生产方式变革，促进乡村全面振兴而进行的探索和创新，不仅丰富和发展了"双层经营体系"内涵，也成为乡村振兴新的重要抓手。截至目前，全市已有1380个村党支部领办合作社，呈现出星火燎原、蓬勃发展之势，有效提升了农村基层党组织的组织力，激活了乡村振兴的"一池春水"。基层党组织要充分激发内生动力，切实发挥好在脱贫攻坚中的战斗堡垒作用，而党支部领办合作社是一条有效路径，蹚出了一条"支部有作为、群众得实惠、集体有收益"的振兴之路。

适用环境

课堂环境。

实践设计

教学目标：小岗村虽然点燃了农村改革的星火，但40年来的发展不是一帆风顺的。通过历史梳理和现实对比，加深对改革开放以来小岗村发展的认识，结合新时代乡村振兴战略的实施，打通历史和现实，梳理总结农村改革的成功经验。

步骤一：教师导入。介绍小岗村启动农村改革背景及发展的成果，并结合山东烟台大力推行村党支部领办合作社发展新型集体经济的做法引导学生深入思考。

步骤二：小组研讨。划分小组开展研讨，进一步分组梳理小岗村在40年发展中遇到的困难和采取的举措，结合山东烟台以村党支部领办合作社的建设发展，总结中国农村改革发展成功经验。

步骤三：代表发言。各组选派一名成员阐述农村改革发展成功经验，并简要谈谈从经验总结得出的感悟和体会。各组之间互相点评，形成学生间的观点交流。

步骤四：教师点评。既要引导学生准确认识小岗村当年推动农村改革的历史功绩，也要准确认识借肯定小岗村历史上的"大包干"，在今天继续来"贩卖"提高农村土地商品化程度甚至"农村土地私有化"、瓦解农村集体经济等错误主张。可以参考如下材料：

1990年3月3日，邓小平在同几位中央负责同志谈话时指出，中国社会主义农业的改革和发展，从长远的观点看，要有两个飞跃。第一个飞跃，是废除人民公社，实行家庭联产承包为主的责任制。这是一个很大的前进，要长期坚持不变。第二个飞跃，是适应科学种田和生产社会化的需要，发展适度规模经营，发展集体经济。这是又一个很大的前进，当然这是很长的过程。对农村改革和发展问题，1995年3月，江泽民在江西考察农业和农村工作时，重申和进一步阐述了邓小平关于农业改革和发展"两个飞跃"的思想，指出要长期保持家庭联产承包责任制的稳定不变并不断加以完善，同时从长远趋势来说，逐步走上集约化、集体化道路，是农村发展的大方向（节选自《中国共产党简史》，人民出版社、中共党史出版社2021年版，第295页）。

2013年3月，习近平总书记在十二届全国人大一次会议江苏团会议上指出："改革开放从农村破题，大包干是改革开放的先声。当时中央文件提出要建立统分结合的家庭承包责任制，但实践的结果是，'分'的积极性充分体现了，但'统'怎么适应市场经济、规模经济，始终没有得到很好的解决。"2016年4月，习近平总书记视察小岗，强调了"四条底线"，即"不管怎么改，都不能把农村土地集体所有制改垮了，不能把耕地改少了，不能把粮食生产能力改弱了，不能把农民利益损害了"。

效果监测

通过教学过程观察学生参与程度和对背景知识的掌握，可发挥助教的作用对整个研讨实施过程监控，准确记录每个学生的表现，得出小组和个人两个维度的最终得分情况。

（三）学习新时期涌现的优秀人物事迹

教学主题

学习新时期典型人物事迹，领会社会主义精神文明建设成果。

知识背景

中国共产党强调，社会主义必须有高度的精神文明。中共十二大进一步把建设高度的社会主义精神文明确定为我国社会主义现代化建设的一个战略方针，精神文明创建活动在全国范围内如火如荼地展开了。这一时期，媒体相继报道了蒋筑英、罗健夫、朱伯儒、张海迪等先进人物的事迹，对促进党风和社会风尚建设起到了积极作用。

1. 蒋筑英

蒋筑英（1938—1982），浙江省杭州人，中共党员，全国劳动模范。蒋筑英是中国光学界的优秀人才。他在科学研究中勇于探索，刻苦钻研，任劳任怨，在光学机械检测等领域做了大量工作。他那饱满的进取精神和淡泊、坦荡的高尚人格，给人们留下了宝贵的精神财富。他生前是中国科学院长春光机所副研究员、第四研究室代主任。在老一辈光学专家的指导和同志们的帮助下，研制出了中国第一台光学传递函数测试装置，建成了国内第一流的光学检测实验室。他是一个在光学传递函数的计算、装置、测试以及编制程序、标准化等方面的专家。

蒋筑英对待同志、荣誉和个人利益有着坦荡的胸怀和高尚的风格。他掌握英、德、法、俄、日5门外语，翻译了大量外国资料，但从不占为己有；研究所评职称、分房子、提工资，他都多次主动让给别人。1982年6月，蒋筑英到外地工作，由于过度劳累，病情恶化，不幸逝世于成都。死后被追认为中国共产党党员，国务院追授他为全国劳动模范。聂荣臻元帅称赞他是"知识分子的优秀代表"（图3-10）。

图3-10 蒋筑英

2. 罗健夫

罗健夫（1935—1982），1965年开始研究微电子技术。随后投入新中国科研建设事业中，为中国科研事业作出了伟大贡献，是中国新一代知识分子的楷模。1982年因病去世，享年47岁。罗健夫对工作兢兢业业，脚踏实地，把个人的待遇、荣誉、地位置之度外，他是Ⅰ、Ⅱ、Ⅲ型图形发生器课题负责人、主要设计者和研制者，但在呈报科研成果时要求不署自己的名字，3000元奖金也一分不取。婉言谢绝吸收他为中国电子学会成员，并两次让出评高级工程师的机会。在攻关日子里，罗健夫每天只睡四五个小时，全部业余时间用来刻苦读书、翻阅资料、思考设计。为了事业，罗健夫把个人生活简化到不能再简化，身上穿的仍是当年部队发的旧军装。家人为他添置衣物的钱，常常被他用来买了科研需要的书籍。他平日酷爱阅读《钢铁是怎样炼成的》，并以书中主人公保尔为榜样，身体力行，忘我工作，从不计较个人得失利害，从不表现自己，多次主动放弃评聘高级职称和提升干部的机会，颁发奖金分文不受，被同事誉为"中国式保尔"（图3-11）。

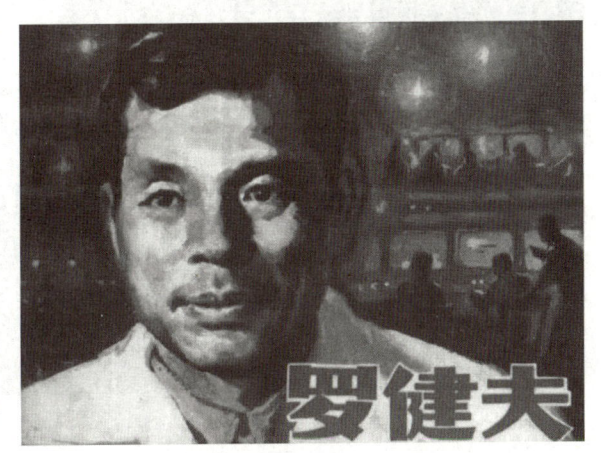

图3-11　罗健夫

3. 朱伯儒

朱伯儒（1938—2015），广东茂名高州荷村人。生于1938年11月，1955年3月入伍，1969年3月加入中国共产党，1999年1月退休。当过空中通信员、管理员、施工队长、股长、油库副主任，干一行爱一行。入伍28年，做好事无数，被誉为"活雷锋"。他长期刻苦学习马列主义、毛泽东著作，廉洁奉公，以雷锋为榜样接济过四十余名生活困难的群众和战士。关心教育青年走上正道。先后二十一次立功受奖，被群众誉为"八十年代新雷锋"。他的先进事迹被宣传后，中央军委授予他"学习雷锋的光荣标兵"荣誉称号。1983年从油库副主任被提升为武空后勤部副部长，随后进入空军指挥学院、国防大学学习深造，1986年被提升为成空政治部副主任（副军职），1988年被授予少将军衔，1993年初，调任广空副政委（正军职），一直到退休（图3-12）。

图 3-12　朱伯儒

4. 谷文昌

　　谷文昌（1915—1981），河南林州人。1944 年加入中国共产党。1950 年，谷文昌服从组织安排来到福建省东山岛，先后担任东山县城关区委书记、县委组织部部长、县长、县委书记。1964 年调任省林业厅副厅长。"文化大革命"期间他被下放宁化县参加农村劳动，1972 年后任龙溪行署林业局局长、农办主任、副专员。他为官一任、造福一方，不畏艰苦、实事求是，带领东山县人民苦干 14 年，终于把一个荒岛变成了宝岛。他以"不治服风沙，就让风沙把我埋掉"的胆魄，率领东山人民苦战十几载，在沿海建成一道惠及子孙后代的防护林，在老百姓心中竖起了一座不朽的丰碑。他用自己的言行赢得了老百姓的信任和敬仰（图 3-13、图 3-14）。

第三章 改革开放与中国特色社会主义的开创（1978—1992）

图 3-13　谷文昌塑像

图 3-14　谷文昌纪念馆

5. 张海迪

张海迪（1955—　），小时候因患血管瘤导致高位截瘫。从那时起，张海迪开始了她独特的人生。15 岁时，张海迪跟随父母，下放山东莘县，给孩子当起了老师。她还自学针灸医术，为乡亲们无偿治疗。后来，张海迪还当过无线电修理工。她虽然没有机会走进校园，却发奋学习，学完了小学、中学的全部课程，自学了大学英语、日语、德语以及世界语，并攻读了大学和硕士研究生的课程。1983 年张海迪开始从事文学创作，先后翻译了数十万字的英语小说，编著了《生命的追问》《轮椅上的梦》等书籍。2002 年，她的一部 30 万字的长篇小说《绝顶》问世，被中宣部和国家新闻出版总署列为向党的十六大献礼重点图书并连获"全国第三届奋发文明进步图书奖""首届中国出版集团图书奖""第八届中国青年优秀读物奖""第二届中国女性文学奖"和"五个一工程"图书奖。从 1983 年开始，张海迪创作和翻译的作品超过 100 万字。1983 年，《中国青年报》发表《是颗流星，就要把光留给人间》，张海迪名噪中华，获得两个美誉，其一是"八十年代新雷锋"，其二是"当代保尔"。邓小平亲笔题词："学习张海迪，做有理想、有道德、有文化、守纪律的共产主义新人！"

1983 年 3 月 7 日，共青团中央授予张海迪"优秀共青团员"光荣称号，2019 年 9 月 25 日，张海迪被授予"最美奋斗者"荣誉称号（图 3-15）。

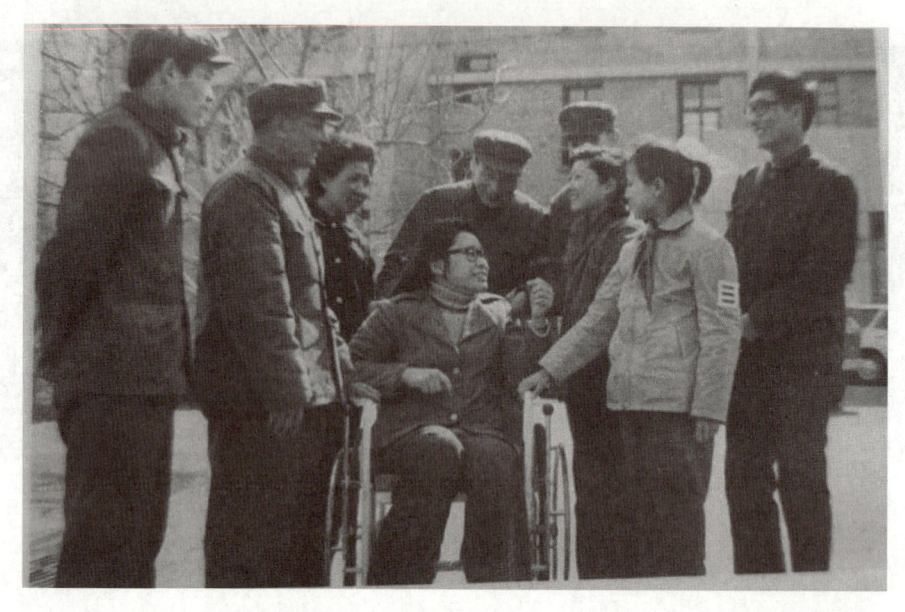

图 3-15　张海迪出席全国青少年学雷锋先进集体和个人代表座谈会期间同代表们交流

6. 赵春娥

赵春娥（1935—1982），河南偃师人，中共党员，全国劳动模范。她1966年在洛阳老集煤场当现场工，1980年加入中国共产党。赵春娥工作认真负责，惜煤如金，几十年如一日地在车站看守煤堆，注意点滴节约，每天猫着腰用手将漏在石缝里的煤抠出来，十根手指经常磨得鲜血淋淋，硬是捡回150吨煤。她长期坚持干脏活累活，积劳成疾。面对病魔，她带病工作，还坚定地说："我宁肯倒在煤堆上，决不躺在病床上！我喜欢煤场，也离不开煤场，死后将我的骨灰撒在煤场上，让我看煤。"她助人为乐，是出了名的活"雷锋"，在患癌症期间，仍坚持为五保户、军烈属老人送煤送粮打扫卫生操劳家务，被誉为"党的好女儿"。1982年，赵春娥因病去世。1983年被国务院追认为全国劳动模范（图3-16）。

图 3-16　赵春娥

习近平总书记强调："中华民族是英雄辈出的民族，新时代是成就英雄的时代。全党全社会要崇尚英雄、学习英雄、关爱英雄，大力弘扬英雄精神，汇聚实现中华民族伟大复兴的磅礴力量。"回顾党史上的优秀人物事迹，对今天学习榜样和英雄，有十分重大的价值和意义。

适用环境

课堂环境。

实践设计

教学目的：通过引导学生查阅资料、看书等方式回到历史场景中去深刻了解改革开放以来我国各行各业的优秀楷模和人物事迹，学习他们的奉献精神和坚定的理想信念。

步骤一：教师参考背景资料链接提供的优秀人物事迹拟定若干选题。

步骤二：学生分成若干小组，抽签决定选题。

步骤三：每个小组开展内部分工合作，完成资料收集和整理、制作PPT等工作，选派小组成员在课堂进行汇报。注重各组间汇报内容的交流。

步骤四：教师对活动做总结，启发学生思考精神文明建设对经济社会发展的重要作用。

效果监测

综合考察小组协作分工情况、搜集资料情况、现场演讲情况和资料充分情况，对学生进行测评，测评成果计入学生课程综合评价。

（四）观看历史纪录片，共话新时期外交风云

教学主题

大国博弈；外交风云。

知识背景

改革开放以来我国的一系列重要外交活动表明，中国的外交政策正在朝着改革开放和现代化建设服务的方向进行重大调整，除了一如既往维护国家独立和主权、反对霸权主

义之外，还要为配合国家经济建设，争取一个有利的国际和平环境。为此，党和政府逐步对外交政策进行了调整。到20世纪80年代中期，根据国际形势的发展变化，邓小平明确提出了"和平和发展是当代世界的两大问题"的判断。1985年6月4日，邓小平在中央军委扩大会议上更加清楚地阐述了中国外交方针的两大战略转变。第一个转变，是对战争与和平问题的认识。根据当时的国际形势，邓小平认为世界战争的危险还是存在的，但是世界和平力量的增长超过战争力量的增长，在较长时间内不发生大规模的世界战争是有可能的，维护世界和平是有希望的。第二个转变，是我们的对外政策。过去有一段时间，针对苏联霸权主义的威胁，我们搞了"一条线"战略，现在我们改变了这个战略，这是一个重大的转变。

正是由于国际形势的变化，从20世纪80年代开始，我国更加坚定和全面地奉行独立自主的和平外交政策，坚持独立自主的和平外交方针。坚持不结盟政策，就是中国不与任何大国或大国集团结盟。因为我们总结了历史经验，结盟就会在某种程度上受制于别人，就不能完全掌握自己的命运。另一方面，中国已成为世界上一支举足轻重的力量，如果中国同任何国家结盟，就可能影响世界战略力量的平衡，不利于世界形势的稳定。中国反对任何形式的霸权主义、强权政治和侵略扩张。中国主张在和平共处五项原则的基础上建立和平、稳定、公正、合理的国际新秩序，发展与任何国家的友好合作关系。改革开放以来，中国外交开始用"伙伴关系模式"取代冷战时期的"结盟模式"和"不结盟模式"，为世界范围内国家与国家之间的交往开辟出一条新的路径。

中国坚持对外开放的政策，同越来越多的国家和地区发展友好合作关系。在同世界各国的交往中，我们大胆地吸收和借鉴人类社会创造的一切文明成果，包括当今世界发达国家的一切反映现代社会化生产规律的先进经营方式和管理经验。中国以积极的姿态走向世界，不断完善全方位、多层次的开放格局，并在平等互利的基础上，同世界各国开展各种形式的经贸科技交流，顺应世界全球化的发展趋势。

纪录片《共和国外交风云》（图3-17），还原了历史场景，披露了鲜为人知的矛盾和斗争，收录了许多珍贵史料和图片，使之兼具阅读欣赏和史学研究的双重价值。通过观看纪录片，可以更好地走近历史，理解我们党依据特定的环境特征而作出的正确决策。历史是最好的教科书，学习并梳理改革开放以来我国的外交发展历程，对今天理解中国特色社会主义大国外交具有重要价值。

| 第三章 | 改革开放与中国特色社会主义的开创（1978—1992）

图 3-17　纪录片《共和国外交风云》

适用环境

课堂环境。

实践设计

教学目标：通过观看纪录片《共和国外交风云》中有关新时期我国外交部分的内容，让学生了解新时期由于党的工作重点的转移，中国外交方针政策朝新的建设方向进行了重大调整，学习我们党的外交智慧和我们倡导和平发展的历史决心，增强学生的爱国主义情感和对人类命运共同体的认识。

步骤一：教师导入。简单介绍改革开放新时期中国的外交情况，组织学生观看纪录片《共和国外交风云》中改革开放后的外交活动部分。

步骤二：在课堂中邀请几位同学谈谈观影感受，并进行小组讨论。

可以就以下问题进行探讨：

（1）新中国为什么实行独立自主的和平外交政策？

（2）了解中美关系正常化和中日建交的主要史实，探讨其对国际关系产生的重要影响。

（3）以改革开放以来我国在联合国和地区性国际组织中的重要外交活动为例，认识我国为现代化建设争取良好的国际环境、维护世界和平和促进共同发展所作的努力。

（4）和平共处五项原则的内涵是什么？为什么说和平共处五项原则的提出是新中国外交成熟的标志？

（5）联系习近平外交思想，谈谈改革开放以来，我们党的外交政策对当下的启示。

步骤三：学生交流发言。每个小组选出代表结合所给问题谈谈自己的观影感受。发言要求：表达清楚简洁，有自己的观点和见解。

步骤四：教师点评。对各组代表的发言进行点评，并对讨论的问题进行总结。

效果监测

在教学过程中观察学生对新时期中国外交方针政策的理解和掌握，并通过实践教学环境考察其观影情况、资料掌握情况以及课堂交流、表达观点的情况，将学生表现纳入课程综合评价。

五、拓展思考

（1）如何正确认识真理标准问题大讨论的现实意义？

（2）为什么说十一届三中全会是党在指导思想上的拨乱反正的完成？
（3）如何认识对外开放格局是自"点"至"面"的？
（4）如何理解乡镇企业异军突起对中国工业化的重要作用？
（5）为什么要物质文明和精神文明两手抓？
（6）如何准确把握十一届六中全会历史决议的重大意义并深刻理解"两个不能否定"？

重点回顾·知识速递

（1）1978年5月10日，中央党校内部刊物《理论动态》刊发《实践是检验真理的唯一标准》一文。11日，《光明日报》以特约评论员文章的形式公开发表此文，揭开了真理标准问题大讨论的序幕，为重新确立马克思主义思想路线、政治路线和组织路线奠定了理论基础，成为实现党和国家历史性伟大转折的思想先导。

（2）1978年12月13日，邓小平在中央工作会议上作《解放思想，实事求是，团结一致向前看》的重要讲话，成为随后召开的十一届三中全会的主题报告。全会作出了把党和国家工作重点和全国人民的注意力转移到社会主义现代化建设上来的战略决策，实现了新中国成立以来党的历史的伟大转折，开启了我国改革开放历史新时期。

（3）1979年3月30日，邓小平在理论工作务虚会上作了题为《坚持四项基本原则》的讲话。

（4）1980年9月，中央下发《关于进一步加强和完善农业生产责任制的几个问题》，肯定在生产队领导下实行的包产到户，不会脱离社会主义轨道。家庭联产承包责任制在全国开始推行。

（5）1979年7月，中共中央、国务院决定在深圳、珠海试办出口特区，待取得经验后，再考虑在汕头、厦门设置特区。1980年5月，出口特区定名为经济特区。1988年4月，七届全国人大一次会议批准海南岛为经济特区。

（6）1981年6月，中共十一届六中全会审议通过《关于建国以来党的若干历史问题的决议》，对新中国成立以来党的历史上的重大事件作了科学总结，实事求是地评价了毛泽东在中国革命和建设中的历史地位。

（7）1982年9月，中共十二大在北京举行。邓小平在开幕词中提出"走自己的道路，建设有中国特色的社会主义"。

（8）1984年10月，中共十二届三中全会通过了《关于经济体制改革的决定》，决定适时地把改革重点从农村转向城市，进行经济体制的全面改革。

（9）1986年9月，中共十二届六中全会审议通过《关于社会主义精神文明建设指导方针的决议》，提出社会主义精神文明建设的根本任务。

（10）1987年10月25日至11月1日，中共十三大在北京举行，提出并系统阐述了社会主义初级阶段理论，明确概括了党在社会主义初级阶段"一个中心、两个基本点"的基本路线，制定了"三步走"发展战略和各项改革任务。

（11）1992年1月18日至2月21日，邓小平视察南方。他在南方谈话中强调了"三个有利于"的判断标准和社会主义本质。"三个有利于"即是否有利于发展社会主义社会的生产力，是否有利于增强社会主义国家的综合国力，是否有利于提高人民的生活水平。社会主义的本质，是解放生产力，发展生产力，消灭剥削，消除两极分化，最终达到共同富裕。

（12）1992年10月12日至18日，中共十四大在北京举行。大会确立邓小平建设有中国特色社会主义理论在全党的指导地位，概括了建设有中国特色社会主义理论的主要内容，明确了建立社会主义市场经济体制的改革目标。

本章结语

　　真理标准问题的大讨论，批判了"两个凡是"的错误方针，确立了实践是检验真理的唯一标准，由此开始中国共产党在指导思想上的拨乱反正。党的十一届三中全会实现了党的思想路线、政治路线、组织路线上的拨乱反正，作出了实行改革开放的伟大决策，实现了工作重点的转移。1982年修订的《宪法》，根据党的十一届三中全会确定的路线、方针、政策，总结新中国成立以来社会主义建设的历史经验，集中反映了全国各族人民的共同意志和根本利益，成为新时期中国治国安邦的总章程。1982年9月，中共十二大首次提出了"走自己的路，建设有中国特色的社会主义"这个重要命题，并就全面开创社会主义现代化建设新局面作出了规划和部署。1987年，中共十三大系统阐明了社会主义初级阶段理论，明确概括了党在社会主义初级阶段的基本路线，确定了"三步走"的经济发展战略。这一时期，中国的改革开放全面展开，经济、政治、文化建设取得重大成就，城乡社会生活发生显著变化，民主法制和精神文明建设不断加强，祖国和平统一大业顺利推进，国防和军队建设扎实开展，外交开启新格局，改革开放和现代化建设事业迈入新的发展阶段。

第四章

建立社会主义市场经济体制和把中国特色社会主义全面推向21世纪

（1992—2002）

一、内容聚焦

1992年，邓小平南方谈话的发表和中共十四大的召开，标志着当代中国进入了全面加快改革开放和社会主义现代化建设步伐的新发展阶段。

进入20世纪90年代以后，国际、国内形势发生的巨大而深刻的变化，迫切要求执政的中国共产党把马克思主义中国化的探索进程向前推进，不断进行理论创新和实践创新。邓小平理论的总结丰富了马克思主义的理论宝库，为中国特色社会主义建设提供了指导思想和指导方针。适应社会主义市场经济体制要求的政治体制改革不断深化，"依法治国"方略和建设社会主义政治文明构想的提出，标志着党的执政理念有了巨大的变化。建立社会主义市场经济体制的经济体制改革目标和各项举措的推出，加入世界贸易组织的成功以及全方位对外开放格局的形成，西部大开发等发展战略的提出和实施，使当代中国的经济发展水平、综合国力、人民的生活水平有了大幅度的提高。科教兴国战略的部署和实施，促进了中国科学、教育体制的改革和各项事业的蓬勃发展。以德治国方略丰富了党的国家治理和政治管理理论，深化了人们对新阶段新形势下社会主义道德建设重要性的认识。大力繁荣哲学社会科学主张的提出和措施的推行，为哲学社会科学的进一步发展创造了良好的条件。社会生活中"四个多样化"的出现、"三农"问题的突出、社会保障制度的改革、社会治安的综合治理，凸显了构建社会主义和谐社会的重大意义。在"和平发展"理念的指导下，外交谋略经历了从"韬光养晦"到"走出去"的重大变化，与大国之间建设各种形式的战略伙伴关系，以"睦邻、安邻、富邻"的立场积极发展同周边国家的友好关系，以积极的姿态参加国际组织和国际活动，展现出中国负责任的大国形象。

（一）社会主义市场经济体制目标的确立

把社会主义市场经济体制确立为我国经济体制改革的目标，是1992年10月中共十四大作出的一项具有深远意义的重大决定。十四大报告明确指出："实践的发展和认识的深化，要求我们明确提出，我国经济体制改革的目标是建立社会主义市场经济体制，以利于进一步解放和发展生产力。"[①]

1992年，邓小平在南方谈话中提出"计划多一点还是市场多一点，不是社会主义与资本主义的本质区别"的重要论断，给市场经济注入了活力，迅速推动了市场机制的全面

[①] 《十四大以来重要文献选编》上，中央文献出版社2011年版，第16页。

| 第四章 | 建立社会主义市场经济体制和把中国特色社会主义全面推向21世纪（1992—2002）

建设。1992年10月召开的中共十四大迎来了中国改革开放和社会主义现代化建设的发展新阶段。中共十四大确定了建立社会主义市场经济体制的经济体制改革目标模式，使改革有了一个总的、明确的目标和方向，使中国经济体制改革站在新的起点上，开始了昂首阔步的大变革、大发展。中国改革由过去侧重于突破旧体制转向侧重于建立新体制，由政策调整转向制度创新，由单项改革转向综合配套改革，由重点突破转向整体推进和重点突破相结合，对外开放向前所未有的广度和深度推进。总之，社会主义市场经济体制改革目标的确立，是对中共十二届三中全会作出的在公有制基础上有计划的商品经济改革目标的进一步发展，它使中国经济体制改革和社会主义现代化建设的方向更加明确，对中国的经济体制改革有重大的指导意义。

（二）跨世纪发展战略和人民生活总体达到小康水平

1997年2月19日，邓小平逝世。在2月25日的追悼大会上，江泽民明确指出，邓小平留给我们的最宝贵的财富，就是他创立的建设有中国特色社会主义理论和在这个理论指导下制定的党在社会主义初级阶段的基本路线。5月29日，江泽民再次表明把邓小平开创的建设有中国特色社会主义事业全面推向21世纪的决心和信念。9月12日至18日，中共十五大在北京召开，大会的主题是：高举邓小平理论伟大旗帜，把建设有中国特色社会主义事业全面推向二十一世纪。江泽民在报告中指出：邓小平理论坚持解放思想、实事求是，抓住"什么是社会主义、怎样建设社会主义"这个根本问题，深刻揭示了社会主义的本质，第一次比较系统地初步回答了中国社会主义的发展道路、发展阶段、根本任务、发展动力、外部条件、政治保证、战略步骤、党的领导和依靠力量以及祖国统一等一系列基本问题，是马克思主义在中国发展的新阶段。大会通过的党章修正案把邓小平理论确立为党的指导思想，同马克思列宁主义、毛泽东思想一道作为党的行动指南。中共十五大承前启后、继往开来，明确回答了中国的改革开放和社会主义现代化建设继续向前发展的一系列重大理论问题和政策问题，从思想上、政治上、组织上为中国的跨世纪发展提供了根本保证。以这次大会为标志，中国共产党进入了高举邓小平理论旗帜、推动建设中国特色社会主义事业跨世纪发展的关键时期。

邓小平提出的小康目标，是到2000年实现国民生产总值比1980年翻两番，人均国民生产总值达到1000美元，人民物质文化生活水平达到小康水平。2000年是"九五"计划收官之年，完成"九五"计划与到20世纪末基本实现小康目标在时间节点上高度契合。这一时期，农村居民人均纯收入和城镇居民人均可支配收入于2000年分别达到2253元和6280元，科技、教育加快发展，社会事业全面进步，生态建设和环境保护力度明显加大，文化、卫生、体育等各项社会事业继续发展，社会治安综合治理进一步加强，社会主义精神文明建设和民主法制建设取得新进展，国防和军队建设迈出新的步伐。"九五"计划的完成，小康目标的基本实现，人民生活总体上实现了由温饱到小康的历史性跨越，是改革开放和社会主义现代化建设事业取得的伟大成就，是中华民族发展史上一个新的里程碑。

（三）推进政治文明建设和先进文化建设

党的十三届四中全会以后，当代中国的政治发展进入了新的历史阶段，中国稳步推进政治体制改革和社会主义民主政治建设，加快了依法治国、建立社会主义法治国家的进程。江泽民在中共十四大上强调，加强立法工作是"建立社会主义市场经济体制的迫切要求"。1996年3月，八届全国人大四次会议将"依法治国"作为中国政治体制改革的目标和方向，写进会议批准的《关于国民经济和社会发展"九五"计划和二〇一〇年远景目标纲要》。中共十五大把依法治国作为一项治国方略提到更加突出的地位，强调要在坚持四项基本原则的前提下，继续推进政治体制改革，进一步扩大社会主义民主，健全社会主义法制，依法治国，建设社会主义法治国家。1999年3月，九届全国人大二次会议通过宪法修正案，增加了"依法治国，建设社会主义法治国家"的内容。在依法治国基本方略的指导下，中国的法制建设得到进一步加强。进一步推行和完善基层民主。城乡基层政权和基层群众性自治组织，都要健全民主选举制度，企事业单位要继续坚持和完善以职工代表大会为基本形式的民主管理制度。把依法治国作为治国方略，体现了坚持党的领导、发扬人民民主和严格依法办事相统一的政治体制改革新思路。这一方略的贯彻实施进一步增强了干部群众的民主和法制意识，维护了国家稳定和社会安定的政治局面，为改革开放和现代化建设提供了有力的政治保证。

1989年春，邓小平总结十年发展教训时说："我们最大的失误是在教育方面，思想政治工作薄弱了，教育发展不够。"因此，以江泽民同志为核心的党的第三代中央领导集体将抓好精神文明和文化教育建设作为当务之急。进入改革开放和社会主义现代化建设新阶段后，在发展社会主义市场经济的环境中，在人们思想观念和行为方式都发生了显著变化的背景下，《中共中央关于加强社会主义精神文明建设若干重要问题的决议》勾勒出了新的历史条件下社会主义精神文明建设的蓝图，并为实际工作提供了方针、原则性指导。科教兴国战略的提出和实施，顺应了世界科技革命的客观要求，适应中国现代化建设的进程，并将进一步推动这个进程。以德治国方略将社会主义道德建设提高到了治国的高度予以关注，对社会大转型时期的中国极具现实意义。大力繁荣哲学社会科学事业，关注现实社会人文精神和民族精神的培育与弘扬，既是时势的客观要求，也是执政党成熟的标志之一。中国体育事业的蓬勃发展，对于繁荣社会主义文化事业、促进经济社会发展产生了重要影响。科教兴国战略、以德治国方略、繁荣哲学社会科学事业主张的提出，都是新阶段社会主义精神文明建设理论和实践发展的新成果。

（四）祖国统一与中国特色军事变革

1997年6月30日至7月1日凌晨，中英香港政权交接仪式在香港展览中心举行。江泽民代表中国政府庄严宣告：中国政府对香港恢复行使主权，中华人民共和国香港特别行政区正式成立。1999年12月19日至12月20日凌晨，中葡两国政府举行澳门政权交接仪式。国家主席江泽民庄严宣告：中国政府对澳门恢复行使主权。

"一国两制"科学构想的提出与付诸实践，开创了截然不同于历史上和当代世界其他曾经处于和正处于分裂或分治状态的民族国家实现国家统一之新道路、新模式，它创造性地吸收和借鉴了中国历史上和中国传统文化中实现国家统一、民族团结的一切积极思想营养，创造性地吸收和借鉴了世界历史上和当代世界各国实现国家统一、民族团结的一切积极思想营养，充分显现了中国特色社会主义的制度优势和深远影响力。以和平统一的方式、以"一国两制"的方式实现和维护国家统一、民族团结，符合当代世界和平、发展、合作的时代主题和经济全球化、政治多极化、文化多样化的时代潮流，符合中国人民的核心利益、根本利益、长远利益和世界人民的共同利益，是社会主义新中国在政治文明方面的伟大创举，是社会主义新中国对于人类和平和正义事业的伟大贡献。

1991年初爆发的海湾战争，1999年发生的中国驻南联盟大使馆遭北约飞机轰炸事件，2001年发生在南海上空的中美战机撞机事件，促使中国对国防安全加以警觉与反思。推进中国特色军事变革，成为我国国防和军队建设重大而紧迫的课题。江泽民担任中央军委主席后，顺应世界新军事变革发展趋势，主持制定新时期军事战略方针，紧紧抓住"打得赢""不变质"两个重大历史性课题，相继对军队建设和军事斗争准备作出一系列战略规划和部署，积极推进中国特色军事变革。为推进中国特色军事变革，走中国特色精兵之路，1992年下半年至1994年底，全军体制编制进行了初步调整精简。1997年中共十五大宣布中国将在3年内再裁减军队员额50万，为进一步实现"精兵、合成、高效"创造了条件。1995年中央军委提出科技强军战略和"两个根本性转变"的战略思想，促进人民解放军建设新模式的确定。这一时期，全军积极探索军事训练的新路子、新模式，国家通过各种途径加快武器装备和国防科技的发展，努力提高武器装备现代化水平，并且改革兵役制度和士官制度，有力地推进了中国特色军事变革，中国的国防和军队建设在改革中不断迈出新步伐。

（五）开拓外交工作新局面

20世纪90年代以后的世界政治、经济格局的深刻变化，以及由科技革命带来的人类经济、文化、社会生活的巨大变迁，都要求中国共产党和中国政府做出积极回应。20世纪90年代初，邓小平从中国共产党和中国人民以经济建设为中心这一重大原则立场出发，吸取20世纪五六十年代国际共产主义阵营意识形态论战的教训，摆脱了国内外在东欧剧变后给中国共产党和中国政府的各种政治和舆论压力，提出了"韬光养晦"的战略决策，一边集中精力积极做好国内的经济建设工作，一边从国际社会的各种利益冲突中寻求突破，打破西方损人不利己的对华"制裁"，赢得了外交发展的契机。中共十四大召开后，中国开始以更加积极的姿态加入国际多边关系的制度和组织中，并力图提出自己对国际政治的理解和理念。2001年，中国加入世贸组织后，以更为积极主动的态度和负责任的大国立场参加到各种国际政治经济文化活动中，多边外交、首脑外交更加活跃，建立公正合理的国际政治经济新秩序的相关政策主张得到越来越多国家的响应，"走出去"的开放战略成效显著。这一切都说明，当代中国的综合国力大为加强、国际地位大为提高和国际环境大为改善。

（六）推进党的建设新的伟大工程

在确立和发展社会主义市场经济体制的过程中，中共中央确立邓小平理论作为党的指导思想，提出"三个代表"重要思想，采取一系列重大措施加强和改进党的建设，提出党的建设总目标和总任务，加强党的执政能力建设和党的作风建设，增强和扩大党执政的阶级基础以及群众基础，成功地把党的建设新的伟大工程推向21世纪。

1997年9月12日至18日，中共十五大通过《高举邓小平理论伟大旗帜，把建设中国特色社会主义事业全面推向二十一世纪》的报告和《中国共产党章程修正案》。报告指出，马克思列宁主义同中国实际相结合有两次历史性飞跃，产生了两大理论成果。第一次飞跃的理论成果是毛泽东思想，第二次飞跃的理论成果是邓小平理论。中共十五大把十四届四中全会提出的党的建设的总目标和总任务进一步概括为："把党建设成为用邓小平理论武装起来、全心全意为人民服务、思想上政治上组织上完全巩固、能够经受住各种风险、始终走在时代前列、领导全国人民建设有中国特色社会主义的马克思主义政党。"① 中共十五大报告强调，加强党的思想建设，根本的是坚定不移地用邓小平理论武装全党，充分发挥党的思想政治优势；加强党的组织建设，根本的是把党建设成坚强的领导核心，充分发挥党的组织优势；加强党的作风建设，根本的是坚持全心全意为人民服务的宗旨，充分发挥党密切联系群众的优势。这就进一步明确了党的建设的总目标，确立了党的思想、组织和作风建设的根本原则，为推进党的建设新的伟大工程进一步指明了方向。

通过本章的学习，在知识层面上，要引导学生了解从1992年邓小平南方谈话和中共十四大召开到2002年中共十六大召开，这10年期间国际局势发生的重大而复杂的变化，以及国内改革开放和现代化建设出现的许多新情况、新问题。在此基础上，了解新形势下中国共产党带领全国各族人民，从容应对来自各方面的困难和风险，妥善处理和解决了关系国家发展的一系列重大问题，成功把中国特色社会主义推向21世纪的伟大壮举。主要内容包括中国改革开放取得的丰硕成果、社会主义市场经济体制逐步建立的概况、社会主义民主法治建设和精神文明建设的显著成效、综合国力大幅度跃升和人民生活总体上实现了由温饱到小康的历史性跨越的过程、香港和澳门回归祖国的历程以及"一国两制"制度的伟大意义。

在价值层面上，形成和巩固科学的世界观、人生观、价值观和自然观，增强以爱国主义为核心的民族精神，为实现中华民族伟大复兴中国梦而不懈奋斗的责任感和使命感；培养看待历史事件和历史人物的科学态度和科学精神，确立积极向上、努力奋斗的生活态度和生活方式，能够运用所学知识和观念参与科学决策。

在政治认同层面上，能够从党和国家、民族和人民利益的高度，对全面加快改革开放和社会主义现代化建设步伐阶段的理论和实践的政治地位、政治立场、政治价值发自内心地认同。政治认同最基本的是对中国特色社会主义的认同。邓小平理论是中国特色社会主义思想体系的组成部分，因此，我们必须坚持以邓小平理论为指导思想。政治认同最核心的就是对中国共产党领导的认同。1992年到2002年这一阶段的历史，是在中国共产党的带领下实现了人民生活水平由温饱到小康的历史性跨越，因此必须坚持中国共产党的领导和以人民为中心的政治立场。

---

① 《十五大以来重要文献选编》上，中央文献出版社2011年版，第39页。

二、知识要点

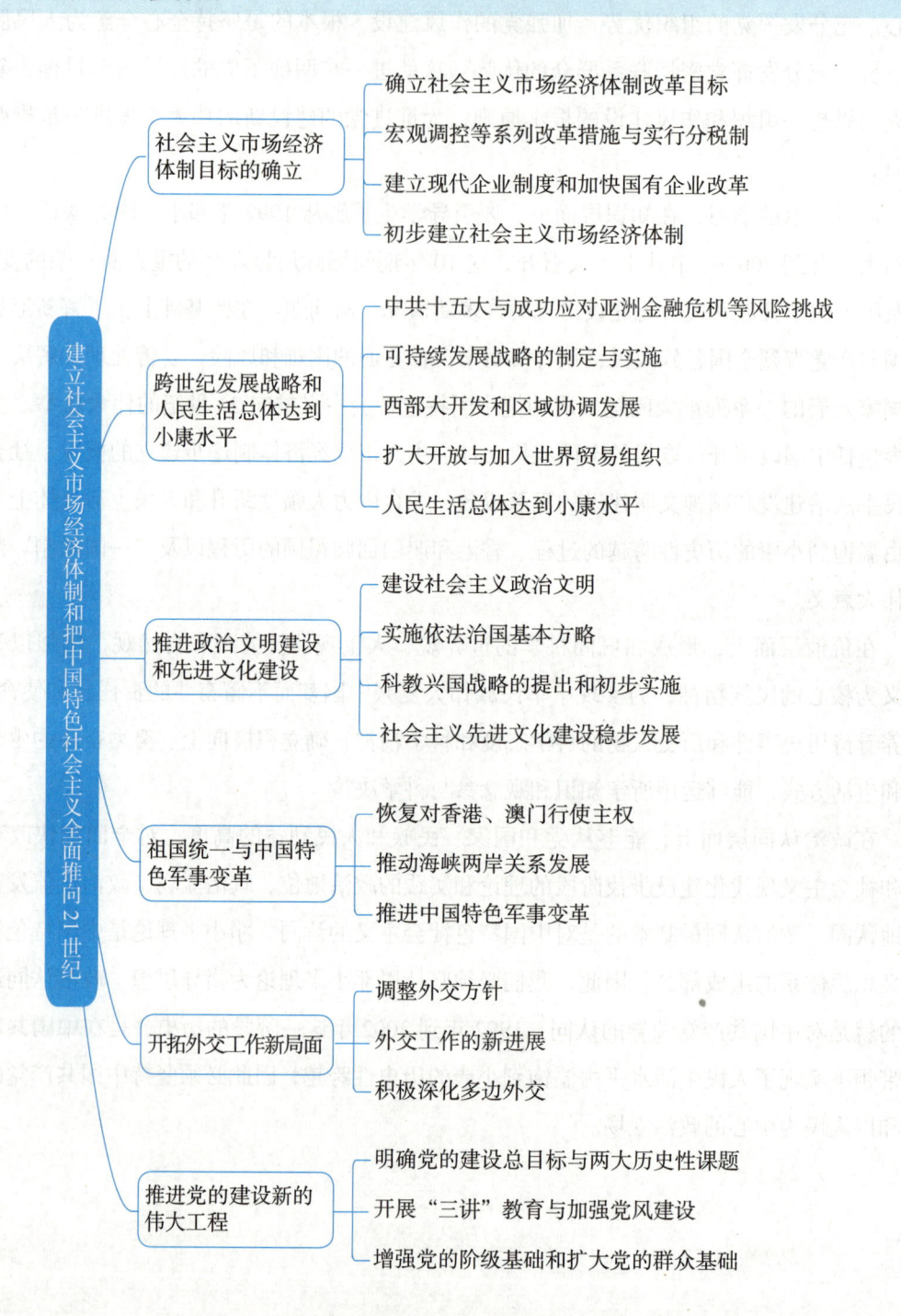

建立社会主义市场经济体制和把中国特色社会主义全面推向21世纪

- 社会主义市场经济体制目标的确立
  - 确立社会主义市场经济体制改革目标
  - 宏观调控等系列改革措施与实行分税制
  - 建立现代企业制度和加快国有企业改革
  - 初步建立社会主义市场经济体制

- 跨世纪发展战略和人民生活总体达到小康水平
  - 中共十五大与成功应对亚洲金融危机等风险挑战
  - 可持续发展战略的制定与实施
  - 西部大开发和区域协调发展
  - 扩大开放与加入世界贸易组织
  - 人民生活总体达到小康水平

- 推进政治文明建设和先进文化建设
  - 建设社会主义政治文明
  - 实施依法治国基本方略
  - 科教兴国战略的提出和初步实施
  - 社会主义先进文化建设稳步发展

- 祖国统一与中国特色军事变革
  - 恢复对香港、澳门行使主权
  - 推动海峡两岸关系发展
  - 推进中国特色军事变革

- 开拓外交工作新局面
  - 调整外交方针
  - 外交工作的新进展
  - 积极深化多边外交

- 推进党的建设新的伟大工程
  - 明确党的建设总目标与两大历史性课题
  - 开展"三讲"教育与加强党风建设
  - 增强党的阶级基础和扩大党的群众基础

三、实践资源

（一）场馆

（1）邓小平纪念馆：位于广安协兴镇，距广安市区7公里。2001年6月，为了表达对邓小平同志的无限怀念之情，征得邓小平同志家人同意，四川省委、省政府批准设立了面积为29.91平方公里的邓小平故居保护区，其核心区为占地830亩的邓小平纪念园。2016年12月，邓小平纪念馆被列入全国红色旅游经典景区名录。

（2）深圳改革开放展览馆：位于广东省深圳市福田区福中路184号，占地面积6300平方米。展览馆运用照片、实物、视频、模型、场景、雕塑和高科技手段、互动体验项目，全面、生动和立体地展现广东改革开放40年的壮阔历程和辉煌成就。

（3）澳门回归贺礼陈列馆：位于中国澳门新口岸冼星海大马路澳门文化中心澳门艺术博物馆旁，为纪念澳门回归而建造。陈列馆楼高三层，零层为陈列馆入口大堂和行政部，一层分别为回归贺礼展览厅和专题展览厅，二层则为演讲厅。在澳门回归时，中国国务院，全国各省、自治区、直辖市和香港特别行政区均赠送贺礼给澳门，澳门回归贺礼陈列馆便是陈列此批回归贺礼展品。贺礼展品除其赠送意义重大外，还蕴含了中国各地域的文化特色，展现了当地艺术的最高水平。

（二）文献

（1）当代中国研究所：《中华人民共和国史稿》第4卷，人民出版社、当代中国出版社2012年版。

（2）金冲及：《二十世纪中国史纲》第4卷，社会科学文献出版社2009年版。

（3）毕京京：《东方风来20年：邓小平南方谈话的理论贡献》，人民日报出版社2012年版。

（4）牛正武：《南行纪：1992年邓小平南方谈话全记录》，广东人民出版社2012年版。

（5）国务院国资委新闻中心、《国资报告》杂志社编：《国企改革12样本》，中国经济出版社2016年版。

（6）齐鹏飞、陈宗海等：《改革开放40年的中国外交》，中共党史出版社2018年版。

（7）中共中央文献研究室：《一国两制重要文献选编》，中央文献出版社1997年版。

（8）孙翠萍：《国家统一与"一国两制"史研究》，中国书籍出版社2019年版。

（三）影视

（1）歌曲《春天的故事》：由蒋开儒、叶旭全填词，王佑贵作曲。蒋开儒和叶旭全亲身感受了特区的巨大变化，他们运用白描的手法、叙述的笔触、亲切感人的语调，热情歌颂改革开放政策，以及改革开放政策给中国带来的巨大变化，表达了人民对改革开放的拥护和对小平同志的崇敬。

（2）歌曲《东方之珠》：由郑国江填词，罗大佑作曲。香港被比喻为一个饱经沧桑的恋人，既赞叹了她的迷人风采，又对她许下了不变的诺言。歌曲旋律优美舒展，歌词深情凝重，对香港的热爱、对今昔的感叹、对未来的期许都融入其中。2019年，该曲入选中宣部"庆祝中华人民共和国成立70周年优秀歌曲100首"。

（3）歌曲《七子之歌·澳门》：《七子之歌》是近代爱国主义诗人闻一多于1925年3月在美国留学期间创作的组诗作品。诗人把中国的澳门、香港、台湾、威海卫、广州湾、九龙岛、旅顺和大连等七个被割让、租借的地方，比作祖国母亲被夺走的七个孩子，让他们来倾诉"失养于祖国、受虐于异类"的悲哀之情，从而让民众从漠然中警醒，振兴中华，收复失地。《七子之歌·澳门》被大型电视纪录片《澳门岁月》改编选做主题曲。由于该纪录片的影响力，《七子之歌·澳门》在1999年12月20日成为澳门回归主题曲。

（4）纪录片《法治中国》：该纪录片是为全面总结展示全面依法治国的历史性变革和辉煌成就，由中央组织拍摄的政论专题片。全片共分六集，分别为《奉法者强》《大智立法》《依法行政》《公正司法（上）》《公正司法（下）》《全民守法》。

（5）纪录片《中国社会保障纪实》：该纪录片由清华大学社会治理与发展研究院和中国教育电视台联合出品。该系列片站在改革开放四十年、新中国成立七十年和人类进入现代文明几百年三个时间维度，以城乡13亿人口全覆盖的宏大视野，深入挖掘从单位人到社会人转变的伟大意义，第一次以"人"为主体，展开了中国社会保障事业波澜壮阔的全景图。

（6）纪录片《开放年代：中国入世十年记》：该纪录片由上海广播电视台和财新传媒联合策划，以中国加入世界贸易组织十周年为背景，从"融入世界""开放的价值""市场的边界""中国制造""寻路未来"五个方面解读，抓住了中国入世后的矛盾点，如管制与市场、开放与保护等，全面梳理入世十年的变革冲击、学界与公众的争议焦点，探讨未来十年的发展之路。

（7）纪录片《十年·变迁》：该纪录片包括九集内容，分别是《黄与绿》《通途》《乡间纪事》《读城》《向北向北》《煤之变》《追风逐日》《新牧歌》《我们的家园》，反映了西部大开发十年间，内蒙古呈现出的经济快速发展、社会和谐进步、民族团结和睦、边疆安宁稳定和美好的局面。

| 第四章　建立社会主义市场经济体制和把中国特色社会主义全面推向21世纪（1992—2002）

（8）纪录片《紫荆花开》：该纪录片包括五集内容，分别是《开启归途》《神圣时刻》《凝聚共识》《同舟共济》《同心圆梦》，以"一国两制"在香港成功实践为主题，阐述了"一国两制"这个伟大构想的由来，展示"一国两制"在香港实践取得的巨大成就，彰显了"一国两制"的强大生命力。

（9）纪录片《澳门二十年1999—2019》：该纪录片是为庆祝澳门回归祖国20周年由中央广播电视总台摄制的，分别以同心、繁荣、和谐、交融、未来为主题，从不同角度展示了澳门社会稳定、经济繁荣、民生改善、安定祥和、活力四射、充满魅力的新形象。

（10）纪录片《筑梦路上》之《港澳回归》：大型文献纪录片《筑梦路上》第20集《港澳回归》，全面回顾了香港与澳门回归前后的发展历程。1997年和1999年，香港、澳门相继回归祖国。随着内地改革开放政策的推行，特别是经济特区的创建，香港、澳门凭借自身优势为内地经济发展发挥了窗口与桥梁的作用。而内地经济的飞速发展，也使香港和澳门获得了巨大的市场。

四、实践案例

（一）走访改革开放的重要标志：深圳

教学主题

走进改革开放的标志——深圳社会实践。

知识背景

改革开放是中共十一届三中全会以来进行社会主义现代化建设的总方针、总政策，是必须长期坚持的一项基本国策。作为中国第一个经济特区，深圳以日新月异的变化书写了高歌猛进的城市发展史，而作为我国体制改革试验田、对外开放的窗口，深圳更是勇立潮头、锐意创新，为全国提供了大量先行先试的宝贵经验。

第一，"大潮起珠江——广东改革开放40周年展览"（图4-1至图4-3）。

图 4-1 大潮起珠江——广东改革开放 40 周年展览

图 4-2 改革开放的新闻报道（一）

| 第四章 | 建立社会主义市场经济体制和把中国特色社会主义全面推向21世纪（1992—2002）

图 4-3　改革开放的新闻报道（二）

"大潮起珠江——广东改革开放40周年展览"以生动翔实、丰富多样的展览内容全面展示了改革开放的前因后果、伟大壮举和文化内涵，综合呈现了广东在这个伟大历程中的努力与汗水、智慧与勇气、经验与成就。展览合理应用数字展示技术，利用先进的科技手段、创新性的互动形式等方法，提升观众观展体验，着力讲好广东改革开放故事，保存当代人们集体记忆，弘扬改革开放时代精神，成功地展示了广东40年来敢闯敢试、敢为人先，改革不停顿、开放不止步的壮丽历史画卷。展览主要包括"敢为人先，勇立潮头"（1978—1992）、"增创优势，砥砺前行"（1992—2002）、"走在前列，当好窗口"（2012—2018）等几个部分。

第二，深圳莲花山公园（图4-4）。

图4-4 深圳莲花山公园影壁

深圳是邓小平同志改革开放思想的"产儿"，是坚定不移走改革开放道路的"闯将"。因为独特的地理位置和政治意义，莲花山公园深受广大市民游客的喜爱，是深圳的窗口和名片，承载着深圳人对一代伟人的怀想和感恩情怀。党和国家领导人多次到访该公园。莲花山公园也是国家重点公园、国家红色旅游示范基地、广东爱国主义教育基地、深圳市党员教育基地等。

在莲花山公园，首先看到的是影壁，上面刻着小平同志的原话："深圳的发展和经验证明，我们建立经济特区的政策是正确的。"然后可以看到邓小平同志的铜像。深圳人民深切缅怀一代伟人，永远感恩这位特区缔造者，深情追忆他的崇高风范、丰功伟绩。

第三，国贸大厦（图4-5、图4-6）。

国贸大厦——20世纪80年代中国的第一高楼，曾经以三天一层楼的建设进度，创下了"深圳速度"美誉。如今，国贸大厦第一高楼的高度不断被超越，但国贸大厦代表的"深圳速度"仍阔步向前，鳞次栉比的高楼不断崛起，创造出一个又一个令世人称赞的经济奇迹。

| 第四章 | 建立社会主义市场经济体制和把中国特色社会主义全面推向21世纪（1992—2002）

图 4-5　昔日的国贸大厦

图 4-6　今日的国贸大厦

　　我国改革开放的总设计师邓小平于 1992 年 1 月登临国贸旋转餐厅，发表"南方谈话"。旋转餐厅特别保留当时现场讲话的厅厢——邓公厅，供来宾观瞻。国贸旋转餐厅为中国最早的空中食府，曾被国务院列为"中华之最——全国最高旋转中餐厅"。旋转餐厅在大厦顶层，厅内格调高雅、富丽堂皇，位居世界十大旋转餐厅之列。身居旋转餐厅品尝新派粤菜、精美茶点，远眺香港英姿、近览深圳风貌，目不暇接，实有天地人合一、景情神同融的境界。

适用环境

课外环境。

实践设计

深入了解改革开放四十年的辉煌成就，前往"大潮起珠江——广东改革开放 40 周年

111

展览"、深圳莲花山公园、国贸大厦等地开展场景式、浸润式学习和"翻转课堂"现场讲解展示，制作短视频便利于网络推广。

步骤一：前期准备。将学生分成若干小组，联系参观场馆获取支持，指导每个小组结合纪念馆陈展的内容，选定一个主题进行现场讲解的排练。

步骤二：参观和现场讲解。指导小组选拔成员担当展馆参观讲解员，提前熟悉场馆资源，在现场为参观者进行现场讲解，录制相关视频素材，与小组其他成员合作完成对选定纪念馆或展览馆的介绍和解说。

步骤三：指导学生根据教学内容和实践参观成果完成短视频制作，并通过互联网传播平台进行推送。

效果监测

通过组织学生现场"翻转课堂"做讲解员和制作短视频的形式，使学生将学到的知识与展览馆参观实践紧密相连，学以致用。通过新媒体平台推送学生拍摄的视频，通过教师评价、学生评价和互联网传播等方式进行综合评价。

（二）课堂情感体验——观看纪录片《紫荆花开》之《神圣时刻》

教学主题

观看纪录片《紫荆花开》之《神圣时刻》。

知识背景

为庆祝香港回归20周年，央视推出反映香港回归20年历程的五集大型纪录片《紫荆花开》（图4-7）。本片以"一国两制"在香港成功实践为主题，阐述"一国两制"这个伟大构想的由来，展示"一国两制"在香港的实践取得的巨大成就，彰显了"一国两制"的强大生命力。该纪录片由《开启归途》《神圣时刻》《凝聚共识》《同舟共济》《同心圆梦》五集构成，每集三十分钟。摄制组奔赴国内外多地进行相关拍摄，采访了五十余位香港回归历程的亲历者，他们当中有政界要员、香港社会精英代表、知名人士等，也有餐饮业者、渔民等基层民众。最难得的是，香港特别行政区首任行政长官董建华、香港特别行政区第四任行政长官梁振英、香港特别行政区第五任行政长官林郑月娥，首次同时出现在一部纪录片当中。

| 第四章 | 建立社会主义市场经济体制和把中国特色社会主义全面推向21世纪（1992—2002）

图 4-7 纪录片《紫荆花开》宣传图

其中第二集《神圣时刻》的主要内容是：1984年《中英联合声明》正式发布，在外飘零百年的香港终于踏上了回家的路，香港也随之进入回归前十三年的过渡期。1992年彭定康就任最后一任港督后，随即抛出一个与中方对抗的"政改方案"，进而演变成中英之间公开而严肃的较量。如何才能实现平稳过渡成为摆在中方面前的首要难题。为此，中国政府做出了一系列努力，有力回击了英方的不合作态度，最终迎来了万众瞩目的神圣时刻。1997年7月1日凌晨，五星红旗与紫荆花旗第一次在香港会展中心同时升起。

适用环境

课堂环境。

实践设计

观看香港回归纪录片，让学生谈感受、写感想，是一堂生动的爱国主义教育课。通过和平谈判解决香港问题，体现了中国人的智慧，更体现了中国国力的强大。古往今来，历史上都未曾有过，一个国家兵不血刃收回失地。中国收回香港，从中可以看到国家的富强和民族的希望，可以看到历史发展中辩证的真理。它使祖国和平统一大业迈出了可喜的一步，祖国必将实现完全统一，神州大地必将再写辉煌史诗。

113

效果监测

通过教学过程促进学生了解香港回归的具体过程，加深对"一国两制"的认识，升华爱国主义情感。通过学生撰写的感想和其他文字材料观测学生知识和情感维度的收获。

（三）课堂讨论——邓小平南方谈话的意义

教学主题

讨论邓小平南方谈话的意义。

知识背景

邓小平的南方谈话发生在中国改革和发展向何处去、怎样走的关键时刻。邓小平不仅从思想理论的高度阐明了社会主义本质和中国经济体制改革的方向问题，从政治的高度讲了抓住机遇加快发展问题，还深刻总结了历史经验，讲了改革策略、党的建设和工作方法问题。南方谈话为中国共产党指明了前进的方向，实际上成为新时期改革与发展的宣言书和指向标。

邓小平的南方谈话着重阐述以下观点：第一，毫不动摇地坚持"一个中心、两个基本点"的基本路线，改革是解放生产力，不坚持社会主义，不改革开放，不发展经济，不改善人民生活，只能是死路一条。党的基本路线要管一百年，动摇不得。第二，坚持"三个有利于"标准，大胆进行改革，突破计划与市场问题上的传统观念束缚。针对姓"社"姓"资"的争论，提出判断的标准应主要看是否有利于发展社会主义社会的生产力，是否有利于增强社会主义国家的综合国力，是否有利于提高人民的生活水平。他特别指出，计划和市场都是手段。计划多一点还是市场多一点，不是社会主义与资本主义的本质区别，进而明确了社会主义本质。第三，提出发展才是硬道理，强调抓住时机，发展自己，关键是发展经济。发展经济不但要抓住机遇，而且还要依靠科技和教育。第四，坚持两手抓，一手抓改革开放，一手抓打击各种犯罪。在整个改革开放过程中，必须始终坚持四项基本原则，反对腐败。第五，正确的政治路线要靠正确的组织路线来保证，中国的事情能不能办好，从一定意义上说关键在人。说到底，关键是共产党内部要搞好。第六，用马克思主义的历史唯物主义认识人类社会发展规律，一些国家出现严重曲折，社会主义好像被削弱了，但人民经受锻炼，将促使社会主义向着更加健康的方向发展。

| 第四章 | 建立社会主义市场经济体制和把中国特色社会主义全面推向21世纪（1992—2002）

适用环境

课堂环境。

实践设计

教学目的：通过搜集资料、组织课堂讨论和课堂展示等教学过程，促进学生对邓小平南方谈话过程的详细了解，深化对邓小平南方谈话主要内容和伟大意义的认识，同时提升自主学习能力和问题探索能力。

步骤一：讨论准备。教师或者课程助教作为组织人员，将学生分成若干小组。指导学生明晰课堂实践教学的具体任务和要求，按邓小平南方谈话的时间地点，搜集相关书籍、新闻报道等文本资料，以及相关图片、影视资料等。围绕讨论要点，从各方面寻找论据，形成自己的观点，并认真做好记录。

步骤二：组织实施。各小组按分组将资料整合，依次展示不同时间地点中，邓小平南方谈话的主要内容和重要精神，并由此展开讨论本小组对于邓小平南方谈话意义的见解。

步骤三：评议总结。讨论结束后，教师应对整个讨论过程做出总结，吸纳各小组讨论的合理意见，陈述自己对问题的看法，加以点评。教师点评可参考：

（1）五个现实针对性。

第一，"发展才是硬道理"的思想创新。这是小平同志留给我们的宝贵思想财富，与此相关的思想还有要"抓住时机，发展自己"的教导，"关键是发展经济，我国的经济发展，总要力争隔几年上一个台阶"，为我国的经济发展确定了目标。

第二，"要坚持两手抓"的辩证法。"一手抓改革开放，一手抓打击各种犯罪活动。这两只手都要硬。""两手抓"的工作方法后来扩展到经济与教育、物质文明与精神文明的"两手抓"，最后发展为改革、开放和稳定的三者统一，同样是现在的重要指导思想。

第三，改革开放必须坚持四项基本原则的强调。小平同志说："在整个改革开放的过程中，必须始终注意坚持四项基本原则，反对资产阶级自由化。"这句话不仅是针对当时情况而言的，而且是要管一百年、不可动摇的基本路线。

第四，对接班人的忧虑。邓小平不无忧虑地说："正确的政治路线要靠正确的组织路线来保证。中国的事情能不能办好，社会主义和改革开放能不能坚持，经济能不能快一点发展起来，国家能不能长治久安，从一定意义上说，关键在人。选人、用人是执行正确政治路线的正确组织保障。"

第五，中国特色社会主义道路的提出。邓小平创造性地提出了中国特色社会主义道路的问题，他坚定不移地说："我们要在建设有中国特色的社会主义道路上继续前进"，推动了中国特色社会主义的理论创新和中国特色社会主义的实践探索。

（2）六个方法论价值。

当下中国改革，正处于攻坚克难的关键阶段。因此，邓小平南方谈话不仅是我们党宝贵的历史财富，而且对于解决当前中国改革所面临的种种难题具有深刻的当代启示意义。这种启示既是上述所讲到的思想价值，又是指对促进当下中国改革的重要方法论价值。这些方法论价值包括以下几个方面：

第一，解决复杂社会问题的马克思主义的立场、观点和方法。结合实际情况，具体问题具体分析，是马克思主义活的灵魂。这就要求我们不能把马克思主义者的话当作万应不变的万能药方，到处生搬硬套，这种形而上学的机械学习方法是对马克思主义最大的不尊重。真正尊重马克思主义，就要学习马克思主义的立场、观点和方法，把它们运用到解决当代社会问题之中，在活学活用中创造性地发展马克思主义。

第二，"三个有利于"的判断标准。"三个有利于"，从某个既定时代的绝对标准到任何时代的相对标准，这个判断标准最终转变为观察问题的立场、观点和方法。这是历史对现实的重要启示。

第三，实事求是的思想路线和工作路线。实事求是的思想路线和工作路线既是马克思主义的认识路线，又是马克思主义的群众路线。这条路线是我们党的生命线，不仅管过去，而且管现在，重要的是，还要管将来，千秋万代不变。

第四，不搞争论、大胆改革的实践驱动。这是小平同志留给后人的重要遗产，也是改革开放以来推进改革的宝贵经验。有些问题意见不统一不要紧，不要争论，先干起来再说，最后让实践说话。这一宝贵经验同样适用于当前的某些争论。

第五，少讲空话、多干实事的领导方式。在讲到领导方式时，小平同志强调"少讲空话，多干实事"。这与"不搞争论，大胆改革"的实践先行是一脉相承的，同样适用于当下领导作风的转变。

第六，让人民得到更多实惠的执政路线。让人民得到更多实惠，共享改革发展的成果，涉及公平正义的分配方式。这个问题当前要特别引起高度重视，它不仅关系分配的公平正义，而且，更重要的是它关系到深化改革的持续动力问题，无论从哪个角度看都不可掉以轻心。

邓小平南方谈话与当前中国改革，二者不仅在时代背景上有些契合，而且在改革精神上前后相承：南方谈话的改革精神为中国当下改革提供了源源不断的强大动力源泉，当前中国改革是躬行改革精神、发展改革精神、创新改革精神的实践场域。后者因前者而驱动，前者因后者而光大。

效果监测

评价各小组讨论的素材准备质量，通过课堂讨论的过程观测学生的参与度和对问题认识的程度，可发挥助教作用对整个研讨实施过程监控，准确记录每个学生的表现，得出小组和个人两个维度的最终得分情况。

（四）走访中建一局，感受国企改革历程

教学主题

走访中建一局，通过国企改革历程加深对基本经济制度的认识。

知识背景

中国建筑一局集团，隶属于中国建筑工程总公司，前身是1953年秋建造国家"一五"计划156项重点工程之一长春第一汽车制造厂（当时代号为652厂，以下简称"长春一汽"），中建一局的前身——652工程公司成立。1997年8月，中国建筑一局（集团）有限公司正式挂牌成立，此后该名称一直沿用至今。

经过半个多世纪的发展，中国建筑一局集团已成长为具有国家特级工程总承包资质，集设计、科研、施工、安装、物流配送、房地产开发于一体，跨行业、跨地区、跨国境经营的大型多元化建筑企业集团，现有全资企业和控股企业30余家，在国内各区域和主要城市设立子公司、分公司、办事处40多家，市场范围遍及全国，并涉足俄罗斯、哈萨克斯坦、美国、澳大利亚等20多个国家和地区，年经营规模在170亿元以上，并与法国SAE，德国豪赫蒂夫，日本大成建设、大林组等国外著名建筑公司保持长期合作伙伴关系。中国建筑一局（集团）有限公司，是中国最大房屋建筑承包商、最大建筑房地产综合企业集团、最大国际工程承包商——中国建筑工程总公司的重要骨干企业（图4-8）。

国务院国资委下发文件公布的国企改革"双百企业"名单中，中建一局二公司作为中建两家入围企业之一，再次成为国企改革的先锋。早在1994年中建一局被确定为全国百家现代企业制度改革试点，在中国建筑行业率先推行现代企业制度。1997年中国建筑一局（集团）有限公司挂牌，行业内率先实现从计划经济体制下的"工程局"，向市场经济体制下的"有限公司"转变。新时代新征程新使命新作为，因改革而兴的中建一局，继续以一往无前的奋斗姿态，做央企改革的先锋与实干家，这是对中国改革开放40余年最好的纪念。

图 4-8　中建一局主建筑

中共十八大以来,习近平总书记关于国有企业改革发展发表了一系列重要论述,给我国国有企业改革发展指明了方向,提出了全方位的新要求。"搞好经济、搞好企业、搞好国有企业","要坚持国有企业在国家发展中的重要地位不动摇,坚持把国有企业搞好、把国有企业做大做强做优不动摇"。

适用环境

课外实地。

实践设计

教学目标:通过参观国企的实践教学,促进学生对国企改革历程的深入了解和思考,巩固对我国基本经济制度理论的认识。

步骤一：教师结合课堂知识背景讲解，提前安排学生查阅相关资料，进行分组并选出小组负责人，做好活动策划书，确定参观人数。

步骤二：与展馆负责人联系，商讨参观、座谈事宜，确定好参观过程中讲解人员。提前熟悉参观路线，围绕教学主题和展馆讲解员沟通，进行实践教学环节的策划。请中建一局的工作人员向学生介绍该国企改革的历程。利用国企改革的实际案例，在参观学习和交流中，促进学生从调整战略布局、深化股份制改革、健全法人治理结构、完善国有资产管理体制及国企领导方式等方向，了解国企改革"摸着石头过河"的"试错"过程，深入理解生产力与生产关系相互作用的理论知识，认识到深化国有企业改革是坚持和发展中国特色社会主义的必然要求、推动我国经济持续健康发展的客观要求、推动我国经济创新高质量发展的重大战略举措、提高国民经济整体运行效率的重要保障。

步骤三：在参观中做好文字、摄影记录等。参观结束后，教师组织学生及时进行实践心得分享，围绕教学目标进行点评。带领学生深刻领会习近平总书记关于国有企业改革的系列重要讲话指示精神，认识到国有企业定会在新时代的改革大潮中浴火重生，挺起"共和国脊梁"。

步骤四：指导学生在实践教学过程结束后，撰写心得体会等文字材料，以实践报告形式提交并在一定范围内通过合适的方式分享。

效果监测

在筹备阶段和实施阶段，综合观测学生对相关知识的掌握程度以及对价值目标的认可程度。学生提交的文字材料可记录分数，并计入课程综合评价。

五、拓展思考

（1）如何全面准确地把握邓小平南方谈话的主要内容和历史意义？

（2）中共十四大在我党历届重要会议中具有怎样的历史意义？

（3）我国加入世界贸易组织的重要性和必要性是什么？

（4）如何评价我国的外交政策和外交理念？

（5）如何理解"和平统一、一国两制"在祖国统一进程中的伟大意义？

重点回顾·知识速递

（1）1992年1月18日至2月21日，邓小平视察武昌、深圳、珠海、上海等地并发表谈话，明确回答长期困扰和束缚人们思想的许多重大认识问题。这次谈话是把改革开放和现代化建设推进到新阶段的又一个解放思想、实事求是的宣言书。

（2）1992年3月8日，国务院印发《国家中长期科学技术发展纲领》。

（3）1992年10月12日至18日，中共十四大召开。大会确定我国经济体制改革的目标是建立社会主义市场经济体制；提出用邓小平同志建设有中国特色社会主义的理论武装全党。

（4）1992年11月，海峡两岸关系协会与台湾海峡交流基金会，就解决两岸事务性商谈中如何表述坚持一个中国原则的问题，达成"海峡两岸同属一个中国，共同努力谋求国家统一"的共识，后被称为"九二共识"。

（5）1993年11月11日至14日，中共十四届三中全会召开。全会通过《中共中央关于建立社会主义市场经济体制若干问题的决定》，勾画了社会主义市场经济体制的基本框架。

（6）1994年9月25日至28日，中共十四届四中全会召开。全会通过《中共中央关于加强党的建设几个重大问题的决定》，把党的建设提到新的伟大工程的高度。

（7）1995年9月25日至28日，中共十四届五中全会召开。全会通过《中共中央关于制定国民经济和社会发展"九五"计划和2010年远景目标的建议》，提出经济体制从传统的计划经济体制向社会主义市场经济体制转变、经济增长方式从粗放型向集约型转变这两个具有全局意义的根本性转变。

（8）1996年10月7日至10日，中共十四届六中全会召开。全会通过《中共中央关于加强社会主义精神文明建设若干重要问题的决议》。决议指出，社会主义社会是全面发展、全面进步的社会，社会主义现代化事业是物质文明和精神文明协调发展的事业。

（9）1997年6月30日午夜至7月1日凌晨，中英两国政府香港政权交接仪式在香港举行。中国政府对香港恢复行使主权。中华人民共和国香港特别行政区成立。

（10）1997年7月，亚洲金融危机爆发。

（11）1997年9月12日至18日，中共十五大召开。大会着重阐述邓小平理论的历史地位和指导意义；提出党在社会主义初级阶段的基本纲领。大会通过《中国共产党章程修正案》，把邓小平理论同马克思列宁主义、毛泽东思想一道确立为党的指导思想并载入党章。

（12）1998年6月中旬至9月上旬，我国长江流域、嫩江、松花江流域出现历史上罕见的特大洪灾。全党全军全国人民团结奋战，取得了抗洪抢险斗争的全面胜利，铸就了万众一心、众志成城，不怕困难、顽强拼搏，坚韧不拔、敢于胜利的伟大抗洪精神。

（13）1999年12月19日午夜至20日凌晨，中葡两国政府澳门政权交接仪式在澳门举行。中国政府对澳门恢复行使主权。中华人民共和国澳门特别行政区成立

（14）2000年2月25日，江泽民在广东考察工作听取省委工作汇报时明确提出"三个代表"要求。江泽民指出，我们党所以赢得人民的拥护，是因为我们党在革命、建设、改革的各个历史时期，总是代表着中国先进生产力的发展要求，代表着中国先进文化的前进方向，代表着中国最广大人民的根本利益，并通过制定正确的路线方针政策，为实现国家和人民的根本利益而不懈奋斗。

（15）2001年11月10日，在卡塔尔首都多哈召开的世界贸易组织第四届部长级会议以全体协商一致的方式，审议并通过中国加入世界贸易组织的决定。12月11日，中国正式成为世界贸易组织成员，中国对外开放进入新的阶段。

本章结语

　　从 1992 年到 2002 年，面对国际局势发生的重大而复杂的变化，国内改革开放和现代化建设出现许多新情况新问题。面对新的形势，中国共产党带领全国各族人民，从容应对来自各方面的困难和风险，妥善处理和解决了关系国家发展的一系列重大问题，成功把中国特色社会主义推向了 21 世纪。中国改革开放取得丰硕成果，中国特色社会主义市场经济体制初步建立，社会主义民主法治建设和精神文明建设成效显著，综合国力大幅提升，人们生活总体实现了从温饱到小康的历史性跨越。香港、澳门回归祖国，中国的国际影响显著扩大。面对经济高速发展与社会发展相对滞后的局面，社会建设进入了新阶段，社会体制的改革渗透到社会领域的各个方面。在优先发展经济的基础上促进社会全面进步，正确处理了改革、发展与稳定，以及先富与共富、效率与公平的关系。

第五章

全面建设小康社会与新的形势下坚持和发展中国特色社会主义（2002—2012）

一、内容聚焦

21世纪伊始，中国进入全面建设小康社会、加快推进社会主义现代化新的发展阶段。在新世纪的新阶段，我国既处于重要的战略机遇期，又处于矛盾的凸显期。面对错综复杂的国际国内形势，中国共产党和中国政府始终高举中国特色社会主义伟大旗帜，以邓小平理论和"三个代表"重要思想为指导，深入贯彻落实科学发展观，率领全国各族人民努力加强社会主义政治建设、经济建设、文化建设、社会建设、生态文明建设和外交工作并取得重大进展，谱写了中国特色社会主义事业新篇章，为全面建成小康社会打下具有决定性意义的扎实基础。2002年到2012年的十年间，中国特色社会主义民主政治建设不断取得进步，人民代表大会制度、多党合作和政治协商制度、城乡基层民主制度、民族区域自治制度、社会主义法制建设等不断完善。为了更好地推进中国特色社会主义的经济建设，中国共产党和中国政府确定了完善社会主义市场经济体制和促进国民经济又好又快发展等战略决策，贯彻实施了建设创新型国家等重大举措，先后制定和实施了"十一五"和"十二五"规划，发布了近十个关于"三农"问题的新的"一号文件"，大力推进新农村建设，有效应对了国际金融危机的冲击。这十年，以胡锦涛为总书记的党中央把文化建设摆在更加突出的位置，提出了树立社会主义荣辱观和构建社会主义核心价值体系的要求，要求进一步形成全社会共同的理想信念和道德规范。文化体制改革的推进和文化事业、文化产业的发展，开创了文化建设的新局面。2008年北京奥运会的成功举办，推动了各项体育工作的全面进步。社会保障制度的改革、2003年"抗击非典"、2008年抗震救灾、将传统节日增设为国家法定节假日等重大举措，凸显了构建社会主义和谐社会的重大意义。为了争取和平良好的外部环境，中国始终坚持走和平发展道路，以建立和谐世界为目标，按照"大国是关键、周边是首要、发展中国家是基础、多边是重要舞台"的外交工作部署，全方位开展对外交往，积极参与国际事务。"一国两制"的优势凸显，两岸关系也得到了一定的发展，这既符合中国人民的根本利益，也是人类社会发展进步的客观要求。

（一）中国特色社会主义民主政治建设

当人类步入21世纪，中国也进入了全面建设小康社会、加快推进社会主义现代化的新的发展阶段，世情、国情、党情都发生了新的变化，这给中国共产党提出了新的更高的要求。2002年11月，中共十六大在北京召开，全面阐述了"三个代表"重要思想，并将其同马克思列宁主义、毛泽东思想、邓小平理论一道确立为党的指导思想。十六大以后，以胡锦涛为总书记的党中央立足于社会主义初级阶段的基本国情，根据新的形势和任务，提出了"科学发展观"的重大战略思想。2007年，中共十七大对这一重大战略思想进行了深刻阐释，要求全党将其贯彻到经济社会发展的各个方面。中共十七大报告在总结改革开放近30年历史进程和宝贵经验的基础上，把中国共产党在新时期以来建设和发展中国特色社会主义创新实践中相继形成的马克思主义创新理论成果——邓小平理论、"三个代表"重要思想和科学发展观等重大战略思想整合为一个整体，统称为"中国特色社会主义理论体系"并进行了科学阐释。这一时期，人民代表大会制度不断发展和完善；中国共产党领导的多党合作和政治协商制度进一步坚持和发展；基层民主不断扩大，城乡基层民主制度日益发展和完善；打击民族分裂势力，民族区域自治制度不断完善，民族团结得到进一步增强；出台了一系列法律法规，社会主义法制不断健全。所有这些都促使中国社会主义政治文明建设不断加强。

（二）中国特色社会主义市场经济建设

2000年底，中国初步建立了社会主义市场经济体制。但是初步建立的社会主义市场经济体制还很不完善，仍然有许多艰巨的任务要完成，有许多深层次的矛盾要解决。完善社会主义市场经济体制，仍然是21世纪前20年经济建设和改革的主要任务之一。中共十六大和十七大提出的一些新战略都促进了社会主义市场经济的健康发展。转变经济发展方式、促进国民经济又好又快发展，是关系国民经济全局的紧迫而重大的战略任务。这一时期，我国制定并实施了"十一五"和"十二五"两个五年计划；中共中央、国务院又连续发出九个指导农业农村发展的"一号文件"，出台了一系列强农惠农的特殊政策，初步构建起新世纪新阶段农业、农村、农民和城乡统筹发展的基本政策框架；社会主义新农村建设取得明显效果，农村生活面貌得到明显改善；从容应对国际金融危机冲击，在世界率先实现经济回升向好；改革开放和社会主义现代化建设取得新的重大成就，国民经济迈上新的台阶；作出了建设创新型国家重大战略决策，科学技术取得巨大成就。

（三）中国特色社会主义先进文化建设

随着社会主义市场经济的发展，引导人们树立正确的世界观、人生观、价值观，不断提升道德情操，构筑抵御不良风气的思想道德防线，提高全民族的思想道德素质，成为我们面临的紧迫课题。胡锦涛先后在多个场合提出"八荣八耻"。牢固树立以"八荣八耻"为主要内容的社会主义荣辱观，对于在新的历史条件下加强社会主义思想道德建设、形成良好社会风尚、提高公民文明素质和社会文明程度，具有重大的现实意义和深远的历史意义。社会主义核心价值体系的提出，从思想上、精神上向当代世界展现了社会主义中国的鲜明旗帜。文化体制改革有序开展和推进，重点领域取得新的突破；文化生产力得到进一步释放，文化事业、文化产业获得了巨大的发展；公益性文化事业在保障人民基本文化权益方面的作用日益突出，经营性文化产业占国民经济比重明显增大、国际竞争力逐步增强，开创了中国特色社会主义文化建设的新局面；审议和通过了《国家中长期教育改革和发展规划纲要（2010—2020年）》，经过不懈的努力，中国国民素质有了很大提高，实现了从人口大国到人力资源大国的转变，教育事业取得了瞩目的成就；2008年中国成功地举办了奥运会和残奥会，并取得了优异的成绩，各项体育工作全面进步，体育事业发展取得了辉煌成就，竞技体育综合实力和国际竞争力不断提高；体育产业快速发展，成为国民经济的新亮点。

（四）中国特色社会主义和谐社会建设

实现社会和谐，建设美好社会，始终是人类孜孜以求的社会理想，也是包括中国共产党在内的马克思主义政党不懈追求的社会理想。2002年中共十六大提出了"社会更加和谐"的发展要求。2006年，中共十六届六中全会通过了《中共中央关于构建社会主义和谐社会若干重大问题的决定》，对当前和今后一个时期构建社会主义和谐社会作出全面部署。社会保障制度改革进一步深化，社会保障覆盖范围不断扩大，社会保障事业取得巨大成就。2003年"非典"和2008年汶川大地震发生之后，中共中央和国务院迅速作出决策，带领人民战胜了疾病和自然灾害。互联网得到了充分利用，已成为公民讨论公共事务、表达意见、进行舆论监督以及学习、工作、交往等方面一个重要公共平台。修订《全国年节及纪念日放假办法》，将传统节日增加为法定节假日，弘扬了中华传统文化、增强了民族凝聚力、体现了中国共产党和中国政府"以人为本"的执政理念。

（五）中国特色社会主义和平发展道路

2005年12月，中国发布《中国的和平发展道路》白皮书，向全世界首次全面系统地阐述中国走和平发展之路的必然性和坚定决心，以及为实现这一目标而采取的战略方针和政策措施。走和平发展道路符合中国人民的根本利益，也符合人类社会发展进步的客观要求。面对当今纷繁复杂的世界，建设一个持久和平、共同繁荣的和谐世界，是世界各国人民的共同愿望，是人类社会发展的必然要求，也是中国走和平发展道路的崇高目标。发展与世界大国、地区大国的关系，是中国外交战略的重点。在新世纪新阶段，中国积极同西方发达国家加强战略对话，增进战略互信，深化互利合作，妥善处理分歧，探索建立和发展新型大国关系，推动相互关系长期稳定健康发展；中国坚定地奉行与邻为善、以邻为伴、睦邻友好的方针，发展同周边国家和亚洲其他国家的友好合作关系，积极开展双边和区域合作，共同营造和平稳定、平等互信、合作共赢的地区环境；加强同亚、非、拉广大发展中国家的团结合作，一直是中国外交政策的立足点；作为世界上最大的发展中国家，中国加强同广大发展中国家的团结，深化传统友谊，扩大互利合作，真诚帮助发展中国家实现自主发展，维护发展中国家正当权益和共同利益；高度重视多边舞台，积极参加以联合国为中心的多边外交，发挥自己在国际中的作用。

（六）港澳台地区的新进展

中共中央始终高度重视港澳地区的发展。香港和澳门回归后，港澳建设取得了伟大成就，积累了丰富的经验。"一国两制"的"港澳模式"在探索中逐步成型、成熟。2005年，十届全国人大三次会议通过了《反分裂国家法》。在中国共产党和中央政府的正确导引和积极推动下，在两岸同胞的共同努力下，台湾岛内的政治生态和两岸关系的形势发生了重大的积极变化，两岸关系迎来难得的历史机遇。

通过本章的学习，在知识层面上，引导学生了解2002年到2012年这十年间国际国内形势的变化，认识到科学发展观提出的背景、内容以及意义；掌握中国为建成社会主义现代化国家在经济、政治、文化和社会四个方面所采取的具体措施，从宏观上把握四位一体的总体布局；了解我们党在加强自身建设时采取的新举措，了解在这一时期我国的对外关系及对外政策，了解这一时期在党的坚强领导下我们克服了汶川大地震等一系列自然灾害，成功举办了北京奥运会等重大国际盛事。

在价值层面上，引导学生树立可持续发展的理念，自觉地将社会主义荣辱观作为行动的指导。认识到科学发展观是顺应时代潮流，符合当时中国国情的科学的理论；充分认识到我们党始终把人民放在心中的最高位置，一切为了人民；充分认识到改革开放以来我们的社会生活发生了翻天覆地的变化，改革开放的伟大决策是完全正确的，必须一以贯之地坚持下去；充分认识到我们党带领人民探索出的社会主义道路是完全正确的，是实现共产主义的康庄大道。

在政治认同层面上，引导学生深刻领会中国特色社会主义对全面建设小康社会的重大意义。认识到在新的形势下坚持和发展中国特色社会主义是全面建设小康社会的前提，中国共产党的集中统一领导是中国特色社会主义的最大优势；认识到全面建设小康社会是党的宗旨及党的执政能力的体现，为人民谋幸福是中国共产党的初心使命；认识到全面建设小康社会需要以科学发展观为指导，其侧重点是经济、政治、文化、社会和人的协调发展。

二、知识要点

坚持和发展中国特色社会主义 / 全面建设小康社会与新的形势下

- 全面建设小康社会与转变经济发展方式
  - 全面建设小康社会目标的提出
  - 经济体制改革向纵深发展
  - 成功应对国际金融危机冲击
  - 推动经济又好又快发展
  - 建设资源节约型、环境友好型社会

- 发展社会主义民主政治和繁荣社会主义文化
  - 走中国特色社会主义政治发展道路
  - 推进依法治国基本方略
  - 建设社会主义核心价值体系
  - 推动社会主义文化大发展大繁荣

- 推动以民生为重点的社会建设
  - 加大解决"三农"问题力度
  - 加强民生建设和完善社会保障体系
  - 加强和创新社会管理
  - 成功应对各种挑战与举办奥运会、世博会

- 维护民族团结、国家统一与推进中国特色军事变革
  - 加快民族地区发展和加强民族团结
  - 港澳回归后的发展和海峡两岸交流的扩大
  - 履行新世纪新阶段军队历史使命

- 推动建设和谐世界
  - 倡导构建和谐世界
  - 全方位开展对外交往
  - 积极参与全球治理

- 加强党的执政能力建设和先进性建设
  - 加强党的执政能力建设
  - 开展保持共产党员先进性教育活动
  - 建设马克思主义学习型政党
  - 加强党风廉政建设和反腐败斗争

三、实践资源

（一）场馆

（1）中国航天博物馆（原名：中华航天博物馆）：中国航天博物馆是展示中国航天科技与成就的专业博物馆。博物馆共有三层展厅。一层和二层展厅为对外展厅，主要分为运载火箭、载人航天、人造卫星、月球探测、火箭发射演示、航天器、中国航天形象、航天集团综合简介、古代航天探测、国际合作与交流、未来航天展望等十多个展示区域。

（2）三峡大坝：位于湖北省宜昌市三斗坪镇境内，距下游葛洲坝水利枢纽工程38千米，是当今世界最大的水力发电工程——三峡水电站的主体工程、三峡大坝旅游区的核心景观、三峡水库的东端。三峡大坝工程包括主体建筑物及导流工程两部分，全长约3335米，坝顶高程185米，工程总投资为954.6亿元，于1994年12月14日正式动工修建，2006年5月20日全线修建成功。三峡水电站2018年发电量突破1000亿千瓦时，创造了单座电站年发电量世界新纪录。

（3）5·12汶川特大地震纪念馆：为了纪念抗击5·12汶川特大地震而建设的纪念馆。纪念馆按照"自然、简朴、生态、科学"八字方针，由上海同济大学建筑设计研究院设计。纪念馆占地14.23万平方米，建筑面积14280平方米，陈展面积10748平方米。主体建筑名为"裂缝"，寓意"将灾难时刻闪电般定格在大地之间，留给后人永恒的记忆"。整个建筑造型以大地景观的手法，通过地面切割、抬起，形成主要的建筑体量，并通过下沉广场和步道向外延伸，与平缓的草坡融为一体，局部翘起露出地面，寓意新生和希望。纪念馆包括"三遗址两馆一中心"，即北川老县城地震遗址、沙坝地震断层遗迹、唐家山堰塞湖地震遗迹、主馆、副馆和防灾减灾宣传教育中心。

（4）国家体育场（"鸟巢"）：位于北京奥林匹克公园中心区南部，为2008年北京奥运会的主体育场，占地20.4公顷，建筑面积25.8万平方米，可容纳观众9.1万人。举行了奥运会、残奥会开闭幕式，田径比赛及足球比赛决赛。奥运会后成为北京市民参与体育活动及享受体育娱乐的大型专业场所，并成为地标性的体育建筑和奥运遗产。

（5）国家游泳中心（"水立方"）：位于北京市朝阳区北京奥林匹克公园内，主体建筑紧邻城市中轴线，与国家体育场相对，始建于2003年12月24日，是北京市地标建筑，2008年北京奥运会主游泳馆、标志性建筑物之一。2008年奥运会期间，国家游泳中心承担游泳、跳水、花样游泳、水球等比赛，赛后成为具有国际先进水平的，集游泳、运动、健身、休闲于一体的中心。

（6）上海世博园：2010年上海世博会场地，位于南浦大桥和卢浦大桥之间，沿着上海城区黄浦江两岸进行布局。世博园区规划用地面积5.28平方千米，园内由5大馆群组成，分别是独立馆群、联合馆群、企业馆群、主题馆群和中国馆群。

（二）文献

（1）江泽民：《全面建设小康社会，开创中国特色社会主义事业新局面》，人民出版社2002年版。

（2）胡锦涛：《高举中国特色社会主义伟大旗帜，为夺取全面建设小康社会新胜利而奋斗》，人民出版社2007年版。

（3）《中共中央关于完善社会主义市场经济体制若干问题的决定》，《十六大以来重要文献选编》（上），中央文献出版社2011年版。

（4）《中共中央、国务院关于推进社会主义新农村建设的若干意见》，《十六大以来重要文献选编》（下），中央文献出版社2011年版。

（5）《中共中央关于构建社会主义和谐社会若干重大问题的决定》，《十六大以来重要文献选编》（下），中央文献出版社2011年版。

（6）胡锦涛：《努力建设持久和平、共同繁荣的和谐世界》，《十六大以来重要文献选编》（中），中央文献出版社2011年版。

（7）胡锦涛：《在庆祝香港回归祖国十周年大会暨香港特别行政区第三届政府就职典礼上的讲话》，《胡锦涛文选》第二卷，人民出版社2016年版。

（三）影视

（1）电视剧《雪域天路》：该剧讲述了肖剑飞、谢雨辰、何文伯三家三代人经历了千辛万苦、克服重重难题，将青藏铁路修到格尔木的故事。

（2）纪录片《大国基业——世纪三峡》：本集聚焦三峡工程的航运功能，通过讲述三峡船闸和升船机等设备的运行故事，展现三峡大坝建成以来，长江航运给人们生活上带来的改变，以及对区域经济的重大影响。

（3）纪录片《香港十年》第二集：本集回溯了香港回归十年历程中的几个重要命运转折点，展现出香港特别行政区政府和民众经历风雨后走过的一条历练之路。从阻击金融风暴的冲击到抗击非典的考验，香港特别行政区政府在中央的全力支持下，用智慧和勇气成功地应对各种复杂问题和挑战，推动香港经济由低谷走向复兴，成为"港人治港"成功实践的有力证明。

（4）纪录片《汶川十年·我们的故事》第三集：本集讲述了一个地震失独家庭再育、

养育孩子的故事，反映了灾区群众经历创伤之后，重新拥抱新生活的成长故事。

（5）电影《惊天动地》：该片主要讲述了军中某旅旅长唐新生于演习途中突遇特大地震（汶川大地震），在通信中断、与上级失去联系的情况下，以灾情为最高命令，毅然带领部队冲破重重险阻，赶赴灾情最重的汶川县进行生死救援的故事。

（6）奥运官方电影《永恒之火》：奥运官方电影是由国际奥委会委托相应的奥组委制作，记录本届奥运会赛事及相关活动的电影。2008年北京奥运会官方电影是奥林匹克历史上的第22部官方电影，也是第一部由中国人拍摄制作的奥运官方电影。

（7）纪录片《2010世博记忆》：该片是2010年上海世界博览会闭幕后官方推出的高清纪录片，运用多种最新科技力求使观众身临其境地感受到上海世博会的独特魅力。

四、实施案例

（一）上海世博园保留景观实践教学

教学主题

参观上海世博园保留景观，感悟世博盛况。

知识背景

中国2010年上海世界博览会（EXPO2010），是第41届世界博览会，于2010年5月1日至10月31日，在中国上海市举行。本届世博会也是由中国举办的首届注册类世界博览会，主题为"城市，让生活更美好"（Better City, Better Life）。上海世博会在中国的成功举办，既体现了中国社会发展所取得的巨大成就，又体现了中国在追求发展的同时又追求发展的可持续性，是科学发展观的生动体现。

世博会起源于中世纪欧洲商人定期的市集。在古代农耕社会，人们往往在庆贺丰收、宗教仪式、欢度喜庆的节日里展开交易活动，后来逐渐发展成为定期的、有固定场所的、以物品交换为目的的大型贸易及展示的集会。这就是世博会的最早形式。公元5世纪，波斯举办了第一个超越集市功能的展览会。近代以来，商界在欧洲地位提升，市集的规模渐渐扩大，商品交易的种类和参与的人员愈来愈多，影响范围愈来愈广，从经济到生活艺术再到理想哲学。18世纪，随着新技术和新产品的不断出现，人们逐渐想到举办与集市相似，但只展不卖，以宣传、展出新产品和成果为目的的展览会。1791年捷克在首都布拉格首次举办了这样的展览会。随着科学技术的进步，社会生产力的发展，展览会的规模也逐步扩大，参展的地域范围从一地扩大到全国，由国内延伸到国外，直至发展成为由许多国家参与的世界性博览会（图5-1）。

最早的现代博览会是由英国举办的，主题是"世界工业"。1851年5月1日至10月11日，万国工业博览会成为全世界第一场世界博览会，在英国首都伦敦的海德公园举行，主要内容是世界文化与工业科技。二战后，世界人民在满目疮痍的废墟上重建家园，并在恢复生产、复苏经济的基础上，于1958年在比利时首都布鲁塞尔举行战后第一个世界博览会，主题为"科学、文明和人性"。为了体现科学这个主题思想，布鲁塞尔世博会建造了一座原子能结构的球形展馆，代表着人类进入了科技进步的新世纪。它独特新颖的造型，虽然时隔半个多世纪之久，仍然历历在目。该届博览会的辉煌和丰富，几乎使以往所有世博会都黯然失色。

图5-1　世博会标志

1962年至2008年，在美国西雅图、日本大阪、西班牙塞维利亚、葡萄牙里斯本、澳大利亚布里斯班、德国汉诺威、韩国大田等城市均举办过世博会。

1. 中国的世博之路

1999年12月，在国际展览局第126次全体大会上，中国政府正式宣布申办2010年世博会。

2000年3月17日，中国政府成立2010年上海世博会申办委员会，时任国务委员吴仪担任主任委员。

2001年5月，中国政府通过外交途径向国际展览局递交举办2010年上海世博会的申请函。

2002年1月30日，中国政府向国际展览局递交举办2010年上海世博会的申办报告。

2002年11月29日至12月5日，时任中共中央政治局常委、国务院副总理李岚清率中国代表团参加国际展览局第132次全体大会并作申办陈述。

2002年12月3日，经国际展览局大会投票表决，中国获得2010年世博会举办权。

2. 2010年上海世博会会徽

2010年上海世博会确立了"城市让生活更美好"的主题，并提出了三大和谐的中心理念，即"人与人的和谐，人与自然的和谐，历史与未来的和谐"。而其中人与自然的和谐，表现为"人、城、自然"三者共存。这体现了可持续发展的要求。

上海世博会会徽呈三人合臂相拥的图形，形似美满幸福、相携同乐的三口之家，也可抽象概括为"你、我、他"的全人类，表达了世博会"理解、沟通、欢聚、合作"的理念，洋溢着崇尚和谐、聚合的中华民族精神，体现了上海世博会以人为本的积极追求（图5-2）。

图 5-2　上海世博会会徽

在2010年上海世博会主题馆内，有一面4000平方米的生态墙。在东西两侧的外墙上，先是布满了纵横交错的菱形钢架子。2009年的秋天，架子上安装上无数种植了小灌木的模块，再经过一冬一春的养护，到2010年"五一"，两面墙上已绿意盎然。绿墙不仅仅是景观，也是绿色建筑的一个重要部分。夏季，可利用绿化隔热外墙、阻隔辐射，并使外墙表面附近的空气温度降低，降低热传导；冬季，既不影响墙面得到太阳辐射热，同时可形成保温层，使风速降低，延长外墙的使用寿命。其实，这面"生态墙"的功能还远不止如此。"生态墙"绝不是"好看"那么简单。它还可以起到减少光污染的作用。在园区内展馆林立，如果外立面采用普通的玻璃墙，在烈日炎炎时，反射的光源刺眼耀目，伤害人们的视觉。用"生态墙"代替玻璃墙，不仅无光污染，而且还有利于眼睛的调适和休息（图5-3）。

图5-3 "绿肺"

2010年世博会闭幕后，上海保留了标志性的"一轴四馆"，即世博轴、中华艺术宫（原中国国家馆）、世博主题馆、世博中心和世博文化中心，保留沙特馆和意大利馆，将沙特馆改名为"月亮船"，是今天可供参观的景区。

适用环境

课外实地。

实践设计

步骤一：主题导入。教师在课堂中提前将"历届世博会的举办情况""中国的申博之路""世博布展体现的文化和理念"等专题布置给各小组，指导学生进行分组并选出组长，明确各组实践教学主题，并对现场实践教学的要求和安排告知学生。

步骤二：现场教学。对上海世博园保留景观进行参观和现场教学。

步骤三：代表发言。各小组结合本组主题，就提前准备的世博盛况资料等，结合参观和现场教学，选派代表进行交流分享。教师可结合学生发言情况及时做有效的知识补充。

步骤四：总结点评。教师结合教学主题，对各组发言情况进行点评。安排学生在实践教学环节结束后，以文字材料的形式提交实践教学报告。

效果监测

在实地考察的过程中观测学生的讨论互动情况，通过撰写文本考查学生对知识的掌握情况。

（二）课堂体验——基层民主自治制度的发展

教学主题

模拟农村基层选举，了解农村选举过程，感悟基层民主自治制度的发展。

知识背景

基层民主是人民当家作主的一种有效形式，它通过以村民自治为核心的农村基层民主、以社区居民自治为核心的城市基层民主和以职工代表大会为核心的企事业单位的基层民主等形式，保障全体公民广泛和直接参与社会生活各项事务。扩大基层民主，是发展和完善中国特色社会主义民主政治的必然趋势和重要基础。中国共产党和中国政府对中国的基层民主政治建设给予了高度重视和深刻阐述。

2002年，中共中央办公厅、国务院办公厅下发了《关于进一步做好村民委员会换届选举工作的通知》，推动农村村民委员会工作进一步走上制度化、规范化的轨道。

2004年9月，中共十六届四中全会提出，要扩大基层民主，完善基层政权、基层群众性自治组织、企事业单位的民主管理制度，坚持和完善政务公开、厂务公开、村务公开等办事公开制度，保证基层群众依法行使选举权、知情权、参与权、监督权等民主权利。

2007年10月，中共十七大第一次把基层群众自治制度作为中国社会主义民主政治建设四项重要制度之一，进一步强调人民依法直接行使民主权利，管理基层公共事务和公益事业，实行自我管理、自我服务、自我教育、自我监督，对干部实行民主监督，是人民当家作主最有效、最广泛的途径。

2010年10月,十一届全国人大常委会第十七次会议修订了《中华人民共和国村民委员会组织法》,进一步完善和规范了村委会成员的选举和罢免程序。

2010年11月,中共中央办公厅、国务院办公厅印发了《关于加强和改进城市社区居民委员会建设工作的意见》,既明确了加强和改进社区居民委员会建设工作应遵循的法律依据和重要原则,又明确了此后五年和到2020年中国城市社区居民委员会建设的目标任务,强调要把社区居民委员会建设成为功能完善、充满活力、作用明显、群众满意的基层群众性自治组织,为我们今后加强和改进社区居民委员会建设提供了行动指南。

随着中国的发展和进步,全国各地城乡基层民主不断扩大,公民有序政治参与的渠道增多,民主的实现形式日益丰富,基层民主政治建设取得了巨大成就。农村村民委员会和城市社区居民委员会的换届选举工作实现制度化、规范化和程序化。截至2012年底,全国绝大多数省份已开展了8至9轮的村委会换届选举工作;全国98%以上的村委会实行了直接选举,村民的平均参选率达到95%;村委会女性成员比例有所提高;全国95%的村实现村务公开,90%以上的县制定村务公开目录,91%的村建立村务公开栏(图5-4至图5-7)。

图5-4 换届大会

图5-5 选举投票

图5-6 统计投票结果

图5-7 村务公开栏

适用环境

课堂环境。

实践设计

步骤一：工具准备。必备物料如签字笔、纸、印泥等。需提前准备好"参选证""当选证书"等道具。

步骤二：教师导入。教师介绍村委会换届选举的方式。安排学生或者学生自荐担任监督委员会成员。由教师介绍选举流程。教师和助教、班级班长、学委（课代表）等组成村党支部。

步骤三：组织"选举"。

（1）成立选举监督委员会（一般为5~9人，视班级人数调整），投票选出监委会主任。

（2）发布选举公告，进行宣传（可使用教学 ppt）；登记选民，公布选民名单，对选举名单有异议的受理村民申诉。对符合选民条件的发放参选证。

（3）提名候选人。有两种方式：一是选民推选候选人；二是自荐。两种方式不能同时使用。由助教或学生班长模拟"自荐"，提供书面自荐竞选申请书。村党组织会议进行研究，再提交村民选举委员会进行审查把关，经三分之二以上的村民选举委员会成员投票同意后，报乡（镇）党委进行资格审查，审查通过后，报市级换届领导小组资格审查（上级审查过程从略），通过后方可列为正式候选人。

（4）确定选举工作人员。由村民选举委员会提名，经村民代表会议讨论通过。选举工作人员包括总监票员、验证发票员、唱票员、计票员、监票员、代书员、投票站工作人员、流动票箱监票员等。

（5）投票、唱票、公布选举结果。候选人获得参加投票的村民过半数的选票，始得当选，获得过半数选票的人数超过应选名额时，以得票多的当选；如遇票数相等不能确定当选人时，应当就票数相等的人进行再次投票，以得票多的当选。

（6）选举结束后，选举委员会应张贴公告，及时公布选举结果。选举结果及时报乡镇党委、政府和市民政局备案（可由老师或者助教担任）。乡镇人民政府和市民政部门（老师担任）向当选人颁发省人民政府统一印制的《当选证书》。

步骤四：组织学生就选举过程体验进行交流，教师点评。

效果监测

通过学生的参与过程观察学生对参与实践教学的参与度。及时组织学生撰写参加基层选举的体验，学生表现纳入课程综合评价。

（三）5·12汶川特大地震纪念馆现场教学

> **教学主题**

铭记特大灾难，弘扬抗震精神，感受汶川新发展。

> **知识背景**

2008年5月12日14时28分4秒，四川省阿坝藏族羌族自治州汶川县境内发生里氏8.0级地震，震中位于汶川县映秀镇西南方，地震最大烈度11度，地震影响波及大半个中国，全国25个省（区、市）有明显震感。5·12汶川地震严重破坏地区约50万平方千米，其中，极重灾区共10个县（市），较重灾区共41个县（市），一般灾区共186个县（市）。截至2008年9月25日，5·12汶川地震共计造成69227人遇难、17923人失踪、374643人不同程度受伤、1993.03万人失去住所，受灾总人口达4625.6万人。截至2008年9月，5·12汶川地震造成直接经济损失8451.4亿元。5·12汶川地震是中华人民共和国成立以来破坏性最强、波及范围最广、灾害损失最重、救灾难度最大的一次地震。

地震发生之后，中共中央和国务院迅速作出决策，组织开展了中国历史上救援速度最快、动员范围最广、投入力量最大的抗震救灾斗争。震后不到一个小时，胡锦涛就作出重要指示：尽快抢救伤员，保证灾区人民生命安全。温家宝当日下午就乘专机抵达四川都江堰市指挥抗震救灾工作。5月17日上午，胡锦涛乘车抵达汶川县漩口镇视察灾情，指导抗震救灾工作。在同特大地震灾害的艰苦搏斗中，在中共中央和国务院的有效指挥和领导下，整个社会都被动员起来（图5-8、图5-9）。

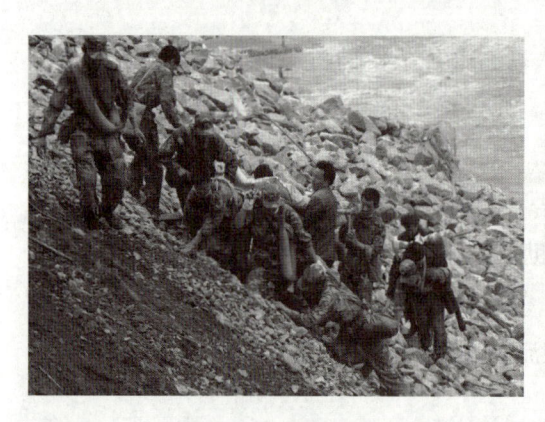

图5-8　救援现场　　　　　　　　　图5-9　爱心人士捐款

在灾后恢复重建中，中国政府按照以人为本、尊重自然、统筹兼顾、科学重建的原则，科学制定灾后恢复重建规划，迅速出台一系列支援灾区的政策、措施，积极开展对口支援，迅速组织开展灾后恢复重建工作。

2020年，汶川县实现地区生产总值747499万元，按可比价格计算比上年增长3.6%。其中，第一产业增加值117887万元，增长4.7%，对经济增长的贡献率为15.0%，拉动经济增长0.5个百分点；第二产业增加值312639万元，增长4.0%，对经济增长的贡献率为57.6%，拉动经济增长2.1个百分点；第三产业增加值316973万元，增长2.6%，对经济增长的贡献率为27.4%，拉动经济增长1.0个百分点。预计全县万元地区生产总值能耗比上年下降6.45%（图5-10）。

图5-10 2021年映秀镇渔子溪村活动中心分红现场

5·12汶川特大地震纪念馆情况：

（1）主馆。主馆主要讲述川、陕、甘、渝等5·12地震灾区抗震救灾和灾后重建的历程，分为"序厅、旷世灾难破坏惨重、万众一心抗震救灾、科学重建创造奇迹、发展振兴时代丰碑、结束语"六大板块（图5-11至图5-14）。通过该主题的学习能够弘扬伟大的抗震救灾精神，培养学生乐于助人的品质，树立党在学生心中的形象。

图5-11　5·12汶川特大地震纪念馆1 　　　　图5-12　5·12汶川特大地震纪念馆2

图5-13　5·12汶川特大地震纪念馆3 　　　　图5-14　5·12汶川特大地震纪念馆4

（2）副馆。副馆——地震科普体验馆以"感受地震、传播知识、关爱生命"为主题，分为"时空隧道、灾难现场、解密地震、穿越地震断裂带、震前防御、避险与救援"六个展区。此外，还有三个地震遗址：北川老县城地震遗址（图5-15）、沙坝地震断层遗迹和唐家山堰塞湖遗迹。北川老县城地震遗址是5·12地震形成的遗址中最有代表性，也是全世界唯一整体原址原貌保护的规模最大、破坏类型最全面、次生灾害最典型的地震灾难遗址区。沙坝地震断层遗迹是目前世界垂直位移最大的断层，具有很高的科学研究价值。

第五章 | 全面建设小康社会与新的形势下坚持和发展中国特色社会主义（2002—2012）

图 5-15 北川老县城地震遗址

（3）防灾减灾宣教中心。防灾减灾宣传教育中心和防灾减灾实训基地，可进行理论＋实训的防灾减灾教育。通过理论学习和实训，提高同学们的防灾减灾意识和能力。

适用环境

课外实地。

实践设计

教学目标：5·12汶川特大地震纪念馆位于四川省北川羌族自治县曲山镇，是当年受灾最严重的地方之一。通过实地实践教学，引导学生切身感受汶川地震给当地带来的巨大灾难，以及在党中央和全国人民的共同努力下汶川发展出现的新局面。弘扬伟大的抗震救灾精神，感受汶川的新变化、新发展，自觉地拥护党的领导，维护民族团结。增加一些地理知识，学会应对突发灾害。

步骤一：主题导入。教师在课堂中进行主题知识讲授，并对现场实践教学的要求和安排告知学生。指导学生进行分组并选出组长，明确各组的实践教学主题。

步骤二：现场教学。先后前往5·12汶川特大地震纪念馆主馆、副馆以及防灾减灾宣教中心进行参观和现场教学，提前与讲解员沟通教学细节。在参观讲解过程中，鼓励学生进行提问。

步骤三：代表发言。各小组结合本组主题，在讲解结束后进行资料搜集整理，选派代表进行交流分享。

步骤四：总结点评。教师结合教学主题，对各组发言情况进行点评。安排学生在实践教学环节结束后，以文字材料的形式提交实践教学报告。

效果监测

在筹备阶段和实施阶段，综合观测学生对相关知识的掌握程度以及对价值目标的认可程度。学生提交的文字材料可记录分数，并计入课程最终评价。

（四）课堂手工制作——"告别田赋鼎"

教学主题

动手制作"告别田赋鼎"，铭党恩、跟党走。

知识背景

2006年，《中华人民共和国农业税条例》被废止，在中国延续了2000多年的农业税正式成为历史。农业税的取消，标志着我国农村改革进入了以乡镇机构、农村义务教育和县乡财政管理体制改革为主要内容的综合改革阶段。与1999年相比，当年全国农民减负1045亿元，人均减负120元左右。

取消农业税，让农民永远告别了种田缴"皇粮"的历史；九年义务教育期间，学杂费全免，贫困生给予助学补助；新型农村合作医疗的推广和普及，让农民看病不再是难题……国家惠农政策的密集出台，使得农民生活发生了翻天覆地的变化。对此，河北省石家庄市灵寿县青廉村村民王三妮感触颇深，他把这些变化都刻在了鼎上，希望用这种古老而庄重的方式表达自己的感恩之情。

"我们县是国家扶贫开发重点县，2004年就免除了农业税。"王三妮家有14亩地，从前每年要缴三四百公斤小麦或者四五百元农业税，农业税取消后，不仅钱粮不再缴了，还能享受政府补贴200多元。王三妮和王英洁父子俩曾经算过一笔账：作为曾经的国家扶贫开发工作重点县，2005年灵寿县一步到位全部免除了农业税，全家7口人按每人76元的标准缴纳的最后一笔农业税共计532元。2006年，全国农业税全面取消后，14亩耕地享受国家粮食直补216元。"这两项相加就是748元。"王英洁强调，青廉村当时人均年收入也不过800多元。

王三妮当时就萌生了铸鼎的想法。"鼎在古代是用来记述国家大事的。免除农业税，这在历史上是第一回啊！我会青铜铸造手艺，铸鼎刻字可以让子孙后代永远记得。"铸模、刻铭、铸造、打磨、抛光……2006年9月29日，高99厘米、重252公斤的"告别田赋鼎"初步成型。鼎上铭文记述了从春秋时代到改革开放以来赋税变迁给农民的生活带来的影响和变化。一段铭文这样写道："我是农民的儿子，祖上几代耕织、辈辈纳税，今朝告别了田赋，我要铸鼎刻铭，告知后人。"

"告别田赋鼎"铸成后引起广泛关注。王三妮说："我想鼎之所以引起关注，并非我的手艺有多么好，而是它标志着2000多年的'皇粮国税'时代的终结，表达了亿万农民对国家惠农政策的拥护。"（图5-16、图5-17）

图 5-16　王三妮

图 5-17　告别田赋鼎

适用环境

课堂环境。

实践设计

步骤一：准备道具。有条件的学校可以引入美术类教师参与，提供 3D 打印条件和材料；没有条件的可以用纸模。教师讲解知识背景，组织学生分组。

步骤二：学生分组制作"告别田赋鼎"。有条件的学生可以抄写"告别田赋鼎"的书法作品。组织学生在制作后进行心得分享。

步骤三：录制制作过程短视频和制成品样态，便于后期通过互联网传播。

效果监测

观察学生参与程度，评判学生作品的质量。

五、拓展思考

（1）科学发展观提出的历史条件及其现实意义是什么？
（2）中国特色社会主义理论体系是如何提出和发展的？
（3）简述新世纪新阶段两岸关系和祖国统一大业的新进展。
（4）新世纪新阶段中国的国际地位和外交工作有了哪些新变化？

重点回顾·知识速递

（1）2002 年 11 月 8 日至 14 日，中共十六大在北京胜利召开。会议全面阐述了"三个代表"重要思想，明确提出中国未来 20 年的奋斗目标和推进各方面工作的方针政策。

（2）2003 年 4 月，国务院国有资产监督管理委员会挂牌。

（3）2003 年 3 月，我国发现首例输入性非典病例。在党中央和国务院的坚强领导下，在全国人民的共同努力下，8 月 16 日，北京和全国在院的最后一批非典患者康复出院。

（4）2003 年 10 月 15 日，我国第一艘载人航天飞船"神舟五号"飞向太空。10 月 16 日，"神舟五号"飞船成功着陆。2008 年 9 月 28 日，"神舟七号"成功着陆，我国由此成为世界上第三个独立掌握空间出舱技术的国家。

（5）2005年，胡锦涛和中国国民党主席连战在北京举行会谈，成为新中国成立以来国共两党主要领导人的首次会谈。

（6）2005年10月，中共十六届五中全会提出建设社会主义新农村的重大历史任务。同年12月，十届全国人大常委会第十九次会议通过了废除《中华人民共和国农业税条例》的决定，自2006年1月1日起，中国农民不再交农业税。

（7）2006年7月1日，青藏铁路全线通车。

（8）2007年10月24日，"嫦娥一号"卫星从西昌卫星发射中心发射。

（9）2007年，城镇居民基本医疗保险试点工作正式启动实施。7月，国务院发出《关于在全国建立农村最低生活保障制度的通知》。

（10）2007年10月15日至21日，中共十七大在北京召开。会议全面阐述了科学发展观，在总结改革开放近30年历史进程和宝贵经验的基础上，将邓小平理论、"三个代表"重要思想、科学发展观整合为"中国特色社会主义理论体系"并进行科学阐释。

（11）2008年12月15日，两岸实现"三通"（通邮、通航、通商）。

（12）2008年5月12日四川省汶川县发生8.0级地震。

（13）2008年8月8日，北京奥运会在北京开幕。同年9月6日至9月17日，残奥会在北京举行。

（14）2009年，新医改开始进行，人民群众的健康水平进一步提高。

（15）2010年，中国GDP超过日本，中国成为世界第二大经济体。

（16）2010年5月1日至10月31日，我国举办了上海世界博览会，这是第一次在发展中国家举办的注册类世界博览会。

（17）2012年6月18日，"神舟九号"与"天宫一号"自动交会对接成功，航天员景海鹏、刘旺、刘洋进入"天宫一号"。

| 本章结语 |

　　进入新世纪后，中国进入全面建设小康社会、加快推进社会主义现代化建设新的发展阶段。2002年到2012年的十年，以胡锦涛同志为总书记的党中央团结带领全国各族人民，始终坚持以经济建设为中心，加快转变经济发展方式，推进经济体制改革向纵深发展；发展社会主义民主政治，建设社会主义政治文明；积极推进文化体制改革，推动社会主义文化大发展大繁荣；促进城乡和区域协调发展，加快以改善民生为重点的社会建设；推动建设资源节约型和环境友好型社会，建设生态文明。中国还相继取得抗击非典的胜利以及成功应对2008年国际金融危机，战胜汶川地震、玉树地震等重大灾害，成功举办北京奥运会、上海世博会等重大盛会，成功在新的历史起点上坚持和发展了中国特色社会主义。

第六章

中国特色社会主义进入新时代和实现中华民族伟大复兴的中国梦
（2012—2017）

一、内容聚焦

本章内容主要概述了中国特色社会主义进入新时代以来我国发展的一系列新战略、新布局,主要包括中国特色社会主义进入新时代、坚持和发展中国特色社会主义的总任务、统筹推进"五位一体"总体布局、协调推进"四个全面"战略布局、全面推进国防和军队的现代化、中国特色大国外交、坚持和加强党的领导7个部分的内容,从经济、政治、文化、社会、生态、国防、军队、外交、党的建设等方面全方位展现了新时代我国发展的新蓝图、新要求。

(一)中国特色社会主义进入新时代

中共十八大以来,以习近平同志为核心的党中央,带领全国各族人民,以高度的责任感与历史使命感,锐意进取、开拓前行,提出了一系列新理念、新思想、新战略,推动党和国家事业取得了全方位、开创性成就,实现了深层次、根本性变革。坚持和发展中国特色社会主义,必须把握时代特点、直面时代课题,在体现时代性、把握规律性、富于创造性中不断展现蓬勃的生机活力。中国特色社会主义新时代是承前启后、继往开来、在新的历史条件下继续夺取中国特色社会主义伟大胜利的时代,是决胜全面建成小康社会、进而全面建设社会主义现代化强国的时代,是全国各族人民团结奋斗、不断创造美好生活、逐步实现全体人民共同富裕的时代,是全体中华儿女勠力同心、奋力实现中华民族伟大复兴中国梦的时代,是我国日益走近世界舞台中央、不断为人类作出更大贡献的时代。

(二)坚持和发展中国特色社会主义的总任务

坚持和发展中国特色社会主义的总任务,是实现社会主义现代化和中华民族伟大复兴,在全面建成小康社会的基础上,分两步走在本世纪中叶建成富强民主文明和谐美丽的社会主义现代化强国。这两步分别是:从2020年到2035年,在全面建成小康社会的基础上,再奋斗15年,基本实现社会主义现代化;从2035年到本世纪中叶,在基本实现现代化的基础上,再奋斗15年,把我国建成富强民主文明和谐美丽的社会主义现代化强国。

中国梦是中华民族伟大复兴的形象表达。2012年11月29日,习近平总书记在参观《复兴之路》展览时第一次阐释了"中国梦"。他说:"实现中华民族伟大复兴,就是中华民族近代以来最伟大的梦想。这个梦想，凝聚了几代中国人的夙愿，体现了中华民族和中国人民的整体利益，是每一个中华儿女的共同期盼。"此后，习近平总书记在十二届全国人大一次会议等重要场合，进一步阐述和丰富了中国梦。中国梦视野宽广、内涵丰富、意蕴深远。习近平总书记指出："中国梦的本质是国家富强、民族振兴、人民幸福。"中国梦是国家情怀、民族情怀、人民情怀相统一的梦。实现中国梦，意味着中国经济实力和综合国力、国际地位和国际影响力大大提升，意味着中华民族以更加昂扬向上、文明开放的姿态屹立于世界民族之林，意味着中国人民过上更加幸福安康的生活。人民是中国梦的主体，是中国梦的创造者和享有者。中国梦归根到底是人民的梦。同时，中国梦是国家的梦、民族的梦，也是每个中国人的梦。只有每个人都把人生理想融入国家和民族的伟大梦想之中，才能汇聚成实现中国梦的强大力量。

（三）统筹推进"五位一体"总体布局

进入新时代，以习近平同志为核心的党中央总揽全局、科学决策，坚持统筹推进中国特色社会主义经济建设、政治建设、文化建设、社会建设、生态文明建设"五位一体"总体布局，推动中国特色社会主义事业全面发展、全面进步。

经济建设取得重大成就。中共十八大以来，我们党对经济形势进行科学判断，对发展理念和思路作出及时调整，引导我国经济发展取得了历史性成就、实现了历史性变革。2013年12月10日，在中央经济工作会议上，习近平总书记首次提出"经济新常态"。随后在次年的中央经济工作会议上，习近平总书记进一步从9个方面的趋势性变化分析了中国经济发展进入新常态的原因，强调认识新常态、适应新常态、引领新常态是当前和今后一个时期中国经济发展的大逻辑。2015年10月，在中共十八届五中全会上，习近平总书记提出了创新、协调、绿色、开放、共享的发展理念，强调创新发展注重的是解决发展动力问题，协调发展注重的是解决发展不平衡问题，绿色发展注重的是解决人与自然和谐问题，开放发展注重的是解决发展内外联动问题，共享发展注重的是解决社会公平正义问题，强调坚持新发展理念是关系我国发展全局的一场深刻变革。2020年4月10日，在中央财经委会议上，习近平总书记强调要构建以国内大循环为主体、国内国际双循环相互促进的新发展格局。

民主政治建设迈出重大步伐。在政治发展领域，中国共产党进行政治体制改革，扩大社会主义民主，加快建设社会主义法治国家，发展社会主义政治文明，是其前进的方向。为实现这一目标，中共十八大以来，以习近平同志为核心的党中央提出了"健全社会主义协商民主制度"的奋斗目标，致力于推进协商民主广泛、多层、制度化发展；提出全面推进依法治国，把"推进法治中国建设"确立为法治建设的新目标；加强党的作风建设，坚定不移地开展党风廉政建设和反腐败斗争，把反特权、反贪腐提上治国理政的重要日程。同时，积极清理、制定党内法规和规范性文件，努力把权力关进制度的笼子里。

思想文化建设取得重大进展。中共十八大以来，中国共产党和中国政府将深化文化体制改革作为全面深化改革的一个重要方面，对推进文化体制机制创新作出新的重大战略部署，提出建设社会主义文化强国的战略任务，并提出了加强社会主义核心价值体系建设、全面提高公民道德素质、丰富人民精神文化生活和增强文化整体实力和竞争力等四项具体任务。同时，提出了社会主义核心价值观，丰富和发展了社会主义核心价值体系的内涵。

社会健康发展。中国共产党和中国政府基于对中国社会发展所处范围和面临形势的判断，提出社会治理的理念，致力于加强社会治理基础制度建设，打造共建共治共享的社会治理格局，提高社会治理能力和水平。强调基本医疗卫生服务的公益性，建立起世界上规模最大的基本医疗保障网，全面实施医疗救助制度，医疗卫生服务体系不断完善，公立医院改革步伐明显加快。

在生态文明建设方面，中国共产党和中国政府作出了"大力推进生态文明建设"的战略决策，提出了生态文明建设"绿色化"的概念，并将其与新型工业化、城镇化、信息化、农业现代化并列，赋予生态文明建设新的内涵，明确建设美丽中国的实践路径。

（四）协调推进"四个全面"战略布局

2015年2月，习近平总书记在省部级主要领导干部学习贯彻十八届四中全会精神全面推进依法治国专题研讨班开班式上的讲话中，明确将"四个全面"定位为"战略布局"。这是党在新时代把握我国发展新特征确定的治国理政新方略，抓住了党和国家事业发展中根本性、全局性、紧迫性的重大问题，擘画了推进改革开放和现代化建设的顶层设计，集中体现了党和国家事业长远发展的战略目标和举措。

（五）全面推进国防和军队的现代化

2012年11月，党的十八届一中全会决定习近平为中央军事委员会主席。上任伊始，习近平总书记从实现中华民族伟大复兴的中国梦的战略高度，敏锐把握世界新军事革命发展动向，统筹谋划新时代国防和军队现代化建设的一系列重大问题。

强国必须强军，军强才能国安。2012年12月，在会见驻广州部队师以上领导干部时，习近平总书记首次提出"强军梦"。2017年10月，中共十九大明确指出，党在新时代的强军目标是建设一支听党指挥、能打胜仗、作风优良的人民军队，并作出新的战略安排，强调确保到2020年基本实现机械化，信息化建设取得重大进展，战略能力有大的提升，力争到2035年基本实现国防和军队现代化，到本世纪中叶把人民军队全面建成世界一流军队。

（六）中国特色大国外交

2014年11月，习近平总书记在中央外事工作会议上明确提出推进中国特色大国外交的战略思想。党中央全面推进中国特色大国外交，全方位外交布局深入展开：倡导构建人类命运共同体、实施共建"一带一路"倡议、发起创办亚洲基础设施投资银行、设立丝路基金、举办首届"一带一路"国际合作高峰论坛等多场多边会议，促进全球治理体系变革，塑造了中国外交独特风范，走出了一条中国特色大国外交新路，为实现中华民族伟大复兴的中国梦营造了良好的外部环境，为世界和平与发展作出了新的重大贡献。

通过学习本章内容，在知识层面上，使学生全面了解我国进入新时代以来所取得的历史性成就、发生的历史性变革，系统阐述习近平新时代中国特色社会主义思想的主要内容和历史地位。在此基础上，进一步明确新时代坚持和发展中国特色社会主义的总任务，深刻把握我国进入新时代以来建设社会主义现代化强国的战略部署，了解我国在经济、政治、文化、社会、生态、国防、军队、外交、党的建设等方面的新举措、新思路。

在价值层面上，使学生通过了解我国进入新时代以来的发展历程与建设成就，切实增强"四个自信"。同时，通过对当前我国面临形势的分析与解读，激发学生的历史使命感与责任感，为实现中华民族伟大复兴的中国梦不懈奋斗。

在政治认同层面上，通过学习与实践，使学生不断坚定马克思主义信仰，始终坚定中国特色社会主义"四个自信"，努力成为中国特色社会主义事业的建设者和接班人，自觉为实现中华民族伟大复兴的中国梦而奋斗。

二、知识要点

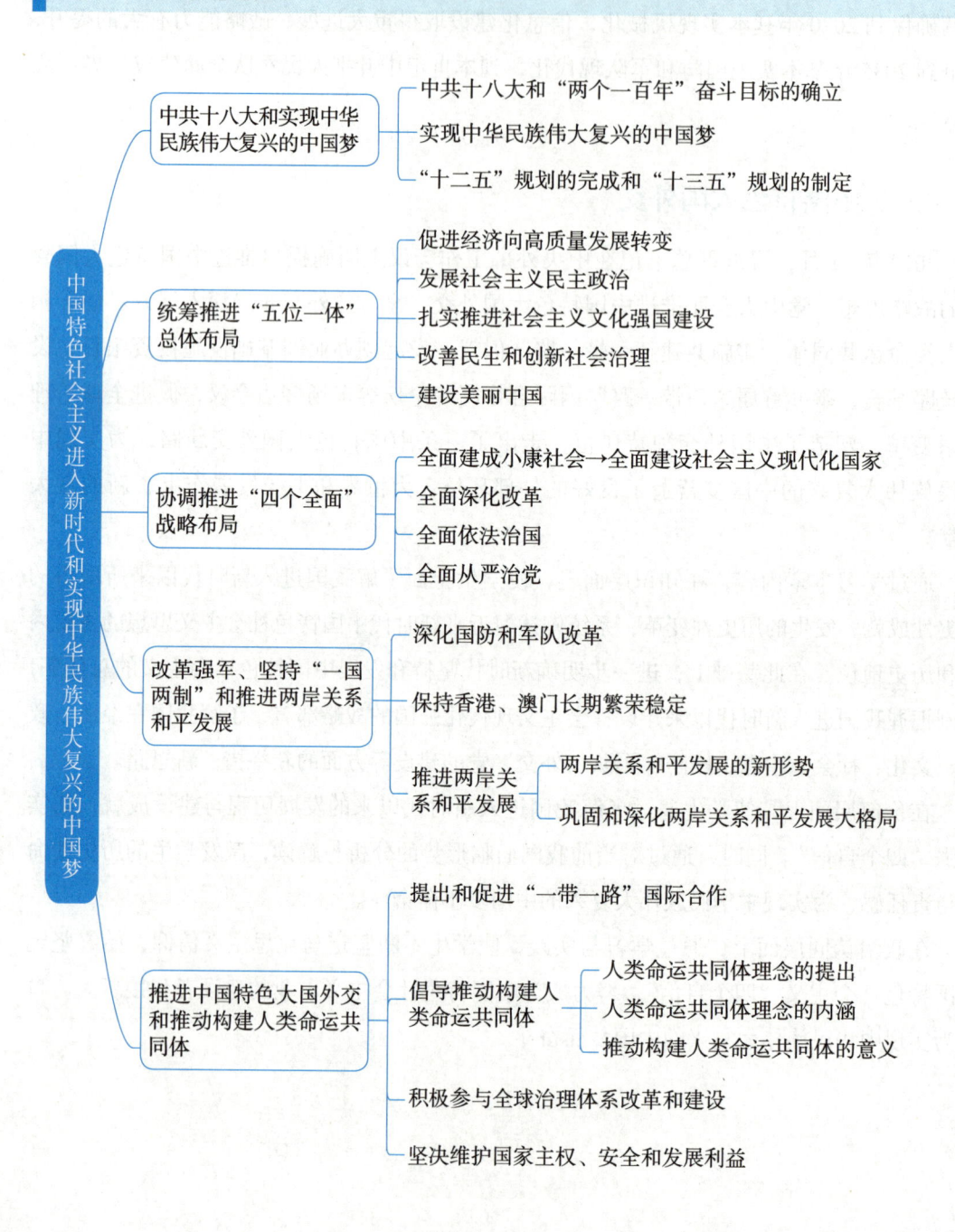

中国特色社会主义进入新时代和实现中华民族伟大复兴的中国梦
- 中共十八大和实现中华民族伟大复兴的中国梦
  - 中共十八大和"两个一百年"奋斗目标的确立
  - 实现中华民族伟大复兴的中国梦
  - "十二五"规划的完成和"十三五"规划的制定
- 统筹推进"五位一体"总体布局
  - 促进经济向高质量发展转变
  - 发展社会主义民主政治
  - 扎实推进社会主义文化强国建设
  - 改善民生和创新社会治理
  - 建设美丽中国
- 协调推进"四个全面"战略布局
  - 全面建成小康社会→全面建设社会主义现代化国家
  - 全面深化改革
  - 全面依法治国
  - 全面从严治党
- 改革强军、坚持"一国两制"和推进两岸关系和平发展
  - 深化国防和军队改革
  - 保持香港、澳门长期繁荣稳定
  - 推进两岸关系和平发展
    - 两岸关系和平发展的新形势
    - 巩固和深化两岸关系和平发展大格局
- 推进中国特色大国外交和推动构建人类命运共同体
  - 提出和促进"一带一路"国际合作
  - 倡导推动构建人类命运共同体
    - 人类命运共同体理念的提出
    - 人类命运共同体理念的内涵
    - 推动构建人类命运共同体的意义
  - 积极参与全球治理体系改革和建设
  - 坚决维护国家主权、安全和发展利益

三、实践资源

（一）场馆

（1）国家博物馆《复兴之路》主题展览：《复兴之路》是国家博物馆的一个基本陈列，共分为中国沦为半殖民地半封建社会、探求救亡图存的道路、中国共产党肩负起民族独立人民解放历史重任、建设社会主义新中国、走中国特色社会主义道路五个部分。陈列通过回顾1840年鸦片战争以来，陷入半殖民地半封建社会深渊的中国各阶层人民在屈辱苦难中奋起抗争，为实现民族复兴进行的种种探索，特别是中国共产党领导全国各族人民争取民族独立人民解放、国家富强人民幸福的光辉历程，充分展示了历史和人民怎样选择了马克思主义、选择了中国共产党、选择了社会主义道路、选择了改革开放的过程，充分展示了历史和人民为什么必须始终坚持高举中国特色社会主义伟大旗帜不动摇，坚持中国特色社会主义道路不动摇，坚持中国特色社会主义理论体系不动摇。这是目前唯一一个全面展示中华民族170年复兴之路宏大主题的陈列展览。2012年11月29日，习近平总书记率中央政治局常委来到国家博物馆参观《复兴之路》基本陈列并发表重要讲话，第一次提出了"中国梦"的概念。《复兴之路》主题展览成为广大党员干部、青少年的主要参观学习地，这对于回顾历史、开创未来具有深远意义。

（2）生态文明实践样板村云寨村：云寨村隶属于福建省龙岩市武平县城厢镇，位于国家级自然保护区福建梁野山麓，村庄内群峰环抱。全村总面积12.48平方千米，其中耕地面积870亩、林地面积15830亩。近年来，云寨村践行"绿水青山就是金山银山"的理念，走出了一条生态引领、产业为本、生活富裕的乡村振兴之路。云寨村先后被评为国家级旅游特色村、省四星级乡村旅游示范村、市级党建示范村、市级美丽乡村建设示范村等，成为远近闻名的生态文明实践样板村。

（3）塞罕坝：塞罕坝位于河北省承德市围场满族蒙古族自治县境内，地处内蒙古高原与河北北部山地的交接处。名字中"塞罕"是蒙语，意为"美丽"；"坝"是汉语，意为"高岭"；全名可译为"美丽的高岭"。历史上的塞罕坝是一处水草丰沛、森林茂密的地方，被称作"千里松林"。清朝后期由于国力衰退，连年不断的战火使这里的树木被采伐殆尽，大片森林荡然无存，塞罕坝退化为沙地荒原。1962年，为恢复塞罕坝的生态环境，国家建立了塞罕坝机械林场。通过塞罕坝两代人50多年的艰苦奋斗，成功营造了112万亩人工林，创造了一个变荒原为林海、让沙漠成绿洲的绿色奇迹。2017年，习近平总书记对河北塞罕坝林场建设者的感人事迹作出重要指示，他强调，全党全社会要坚持绿色发展理念,弘扬塞罕坝精神,持之以恒推进生态文明建设。同年,塞罕坝林场的建设者们被联合国环境规划署授予"地球卫士奖",塞罕坝治理实践为全球荒漠化治理贡献了中国智慧。

(4)"精准扶贫"首倡地十八洞村:十八洞村位于湖南省西部,武陵山脉中段,湘、黔、渝三省交界处的湘西花垣县,隶属于湖南省湘西土家族苗族自治州,是武陵山区腹地一个苗族聚居村,因村里有18个天然溶洞而得名。这里虽然山奇水秀、景色宜人,但因为交通闭塞,处于集中连片特困地区,群众生活长期徘徊在贫困线以下。2013年11月3日,习近平总书记考察十八洞村,首次提出"精准扶贫",作出了"实事求是、因地制宜、分类指导、精准扶贫"的重要指示。七年间,十八洞村牢牢抓住"精准"两个字,锐意进取、积极探索、因地制宜发展扶贫产业,走出了一条可复制、可推广的精准扶贫之路,十八洞村也从一个典型的贫困村蜕变为精准脱贫的示范村,成为名副其实的"中国美丽休闲乡村"。

(二)文献

(1)习近平:《决胜全面建成小康社会 夺取新时代中国特色社会主义伟大胜利——在中国共产党第十九次全国代表大会上的报告》,人民出版社2017年版。

(2)《习近平谈治国理政》第一卷,外文出版社2018年版。

(3)《习近平谈治国理政》第二卷,外文出版社2017年版。

(4)《习近平谈治国理政》第三卷,外文出版社2020年版。

(5)习近平:《论中国共产党历史》,中央文献出版社2021年版。

(6)《中国共产党简史》,人民出版社2021年版。

(7)中华人民共和国国务院新闻办公室:《人类减贫的中国实践》,人民出版社2021年版。

(8)江宇:《烟台纪事——党支部领办合作社之路》,人民日报出版社2021年版。

(三)影视

(1)纪录片《辉煌中国》:全片共6集,分别为《圆梦工程》《创新活力》《协调发展》《绿色家园》《共享小康》《开放中国》。该片以创新、协调、绿色、开放、共享的新发展理念为脉络,全面反映了中共十八大以来,在以习近平同志为核心的党中央带领下,全国各族人民砥砺奋进、真抓实干,使中国经济社会发展取得历史性成就的故事,充分展示了五年来中国人民更多的获得感、安全感、幸福感、自豪感,真实记录了中华民族实现从站起来、富起来到强起来的历史性飞跃。

(2)电影《厉害了,我的国》:《厉害了,我的国》是在6集纪录片《辉煌中国》的基础上改编而成的。该片以习近平新时代中国特色社会主义思想为内在逻辑，展示了中共十八大以来的五年中国在创新、协调、绿色、开放、共享的新发展理念指引下所取得的伟大成就，展现了中国人民在全面建设小康征程上的伟大奋斗，彰显了以习近平同志为核心的党中央的正确领导。

（3）《永远在路上》：中共中央纪委宣传部、中央广播电视总台联合制作的一部大型电视专题片。该片从受访专家学者、纪检干部到落马官员的案例剖析，全景式反映了中共十八大以来，以习近平同志为核心的党中央把全面从严治党提升到"四个全面"战略布局高度，正风肃纪，锲而不舍纠"四风"，赢得党心民心的故事。纪录片既列举了多个领导干部违纪违法的典型案例，又针对这些典型案例进行深入点评和分析，警示教育党员干部严守政治纪律和政治规矩，筑牢理想信念的根基，引导广大人民群众坚定对党的信心和信任，为全面从严治党营造良好的舆论氛围。专题片共分《人心向背》《以上率下》《踏石留印》《利剑出鞘》《把纪律挺在前面》《拍蝇惩贪》《天网追逃》《标本兼治》8集。

（4）《人民的小康》：中共中央宣传部指导、中央广播电视总台承制的五集电视专题片。该片全面展现和生动反映了以习近平同志为核心的党中央团结带领全党全国各族人民顽强奋斗、如期全面建成小康社会的伟大历程和辉煌成就。该片通过翔实的史料、珍贵的历史影像以及生动的百姓故事，阐释了中国共产党"一切为了人民，一切依靠人民"的执政理念和执政宗旨。该片分为《一诺千钧》《脱贫攻坚》《民生福祉》《美好生活》《关键一步》等五个篇章，充分展现了以习近平同志为核心的党中央对决胜全面建成小康社会的战略擘画和重大部署，全方位呈现了全面建成小康社会的历史性成就，立体化反映了老百姓的幸福小康生活和昂扬精神风貌。

四、实施案例

（一）展馆实践教学：国家博物馆《复兴之路》主题展览

教学主题

同心共筑中国梦。

知识背景

《复兴之路》是国家博物馆的一个基本陈列，也是目前唯一一个全面展示中华民族170年复兴之路宏大主题的陈列展览。

2012年11月29日，习近平总书记和十八届中央政治局常委李克强、张德江、俞正声、刘云山、王岐山、张高丽等来到国家博物馆，参观《复兴之路》基本陈列。

习近平总书记在参观《复兴之路》展览时提出和阐释了"中国梦"的概念。习近平总书记指出："现在，大家都在讨论中国梦，我以为，实现中华民族伟大复兴，就是中华民族近代以来最伟大的梦想。这个梦想，凝聚了几代中国人的夙愿，体现了中华民族和中国人民的整体利益，是每一个中华儿女的共同期盼。"从这时起，中国梦就成为全党全社会乃至全世界高度关注的一个重要思想概念。

此后，习近平总书记多次深刻阐述实现中华民族伟大复兴的中国梦，强调中国梦的本质是国家富强、民族振兴、人民幸福；中国梦归根到底是人民的梦，人民对美好生活的向往就是我们的奋斗目标；实现中国梦必须坚持中国道路、弘扬中国精神、凝聚中国力量；全体中华儿女要同心共圆中华民族伟大复兴的中国梦；中国梦是和平、发展、合作、共赢的梦，不仅造福中国人民，而且造福世界人民。

2013年5月，习近平主席在接受特立尼达和多巴哥、哥斯达黎加、墨西哥等拉美三国媒体联合书面采访时回答："实现中国梦给世界带来的是和平，不是动荡；是机遇，不是威胁。"

2015年9月22日，习近平主席接受《华尔街日报》采访时谈道："中国梦是中华民族的梦，也是每个中国人的梦。中国梦不是镜中花、水中月，不是空洞的口号，其最深沉的根基在中国人民心中。"

2016年4月26日，习近平总书记在知识分子、劳动模范、青年代表座谈会上的讲话中谈道："梦想属于每一个人，广大劳动群众要敢想敢干、敢于追梦。说到底，实现中华民族伟大复兴的中国梦，要靠各行各业人们的辛勤劳动。"

2017年10月18日，习近平总书记在十九大报告中指出："使命呼唤担当，使命引领未来。我们要不负人民重托、无愧历史选择，在新时代中国特色社会主义的伟大实践中，以党的坚强领导和顽强奋斗，激励全体中华儿女不断奋进，凝聚起同心共筑中国梦的磅礴力量！"

自2012年11月提出中国梦后，全国各地纷纷响应，相继推出了行业梦与各地的地方梦，掀起了梦想热潮，如强国梦、强军梦、体育强国梦、中国航天梦、中国航母梦、陕西梦、湖南梦、云南梦等（图6-1）。

| 第六章 | 中国特色社会主义进入新时代和实现中华民族伟大复兴的中国梦（2012—2017）

图 6-1　中国梦宣传标语

中国梦生动形象地表达了全体中国人民的共同理想追求，昭示着国家富强、民族振兴、人民幸福的美好前景，为坚持和发展中国特色社会主义注入新的内涵和时代精神。中国梦已经成为凝聚党心民心、激励中华儿女为实现中华民族伟大复兴而奋斗的强大精神力量。

适用环境

课外实地。

实践设计

依托国家博物馆《复兴之路》主题展览，引导学生通过亲身体验，深刻感受习近平总书记当时参观《复兴之路》主题展览及提出和描绘实现中华民族伟大复兴中国梦的场景，对中国梦有一个全方位的理解。

步骤一：前期准备。教师介绍本次参观的背景知识与意图，并介绍具体环节与流程以及相关的注意事项等。

步骤二：现场参观。教师带队参观国家博物馆《复兴之路》展览，听展馆讲解员的现场讲解，并做好相关记录。

步骤三：学生讨论。结合参观感受，组织学生开展讨论，主要围绕参观展览的具体感受以及如何实现中国梦等内容展开。

步骤四：代表发言。结合讨论的内容与结果，选派代表谈自己整体的参观感受以及对于实现中国梦的个人看法。

步骤五：教师点评。针对学生的讨论以及发言情况进行点评，对如何实现中国梦进行讲授并做总结。

效果监测

依托展馆进行现场教学，观察学生对于理论知识的掌握程度以及对于实践教学的积极性、参与性。

（二）走访湖南十八洞村，感受脱贫攻坚巨大成就

教学主题

从十八洞村的变化看中国脱贫攻坚的巨大成就。

知识背景

1. 十八洞村脱贫攻坚纪事

十八洞村位于湖南省西部，武陵山脉中段，湘黔渝三省交界处的湘西花垣县，隶属于湖南省湘西土家族苗族自治州，是武陵山区腹地一个苗族聚居村，因村里有 18 个天然溶洞而得名。这里虽然山奇水秀、景色宜人，但因为交通闭塞，处于集中连片特困地区，群众生活长期徘徊在贫困线以下。2013 年，全村 225 户 939 人，人均可支配收入只有 1668 元，贫困发生率高达 57%（图 6-2）。

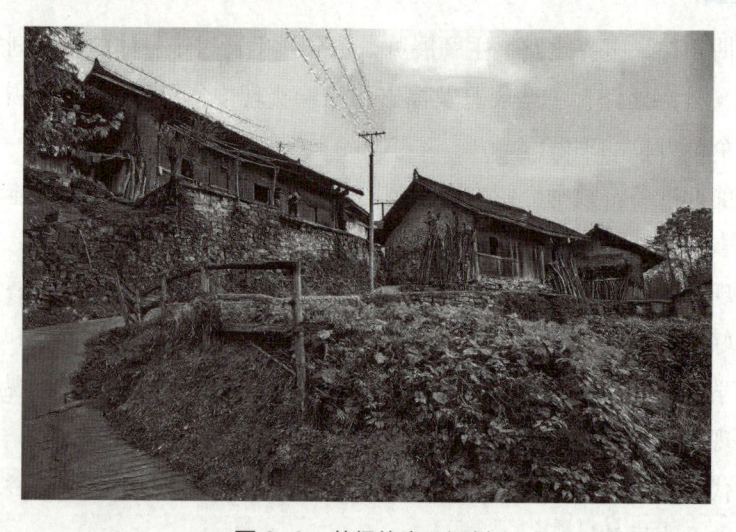

图 6-2　曾经的十八洞村

2013年11月3日，习近平总书记来到十八洞村，提出了"精准扶贫"的重要论述：扶贫要实事求是，因地制宜。要精准扶贫，切忌喊口号，也不要定好高骛远的目标。十八洞村因此成为习近平总书记"精准扶贫"重要论述的首倡之地。总书记饱含深情的殷殷嘱托，点燃了苗家人的激情，一个个感人的"十八洞村故事"展现在世人眼前。

第一，算精细账，扶贫策略由"大水漫灌"转为"精准滴灌"。

100年来，中国人民从翻身解放到解决温饱、从基本小康到全面小康，以自己的发展对抗贫困。几代中国共产党人，瞄准一个目标，一茬接着一茬干。

习近平总书记到十八洞村那年，全村贫困发生率高达56.8%。他到村民石拔三家中看望，坐下来同一家人算收支账，询问有什么困难、有什么打算，还看了她家的谷仓、床铺、灶房、猪圈，勉励一家人增强信心，用勤劳和智慧创造美好生活。

"算账"成为精准扶贫最生动的诠释。不仅是贫困户的收入支出账，全国到底有多少贫困人口，能否精确到户，这是精准扶贫的基础。按照习近平总书记的指示，一项史无前例的贫困人口建档立卡工作在全国展开。2014年，扶贫系统在全国范围开展贫困识别。建档立卡使我国贫困数据第一次实现了到村、到户、到人。有了这本"账"，扶贫路径由"大水漫灌"转为"精准滴灌"。

2016年，在全国两会湖南代表团审议现场，"我正式提出'精准扶贫'就是在十八洞村……现在人均收入有多少了？"习近平总书记问道。"已经增加到3580元。"湘西土家族苗族自治州州长郭建群回答。这一年，十八洞村彻底脱贫。

第二，立下愚公移山志，十八洞村成为脱贫攻坚全国样板。

治国之道，富民为始；民之贫富，国之责任。减贫是一项开拓性的艰巨工作，实现减贫目标，领导人的情怀、意志和决心至关重要。习近平总书记形象地指出，"手榴弹炸跳蚤"是不行的。抓扶贫要一件事、一件事地做。

十八洞村是典型的"老、少、边、山、穷"少数民族聚居村。村民施成富回忆总书记当时的嘱托："他希望大家把种什么、养什么、从哪里增收想明白，不要喊大口号，也不要定那些好高骛远的目标。"

山沟沟里人均耕地只有0.83亩，怎么弄？想了差不多3个多月，最后想到了猕猴桃。为了发展这一产业，村里颇费周折。人才、技术不够，远赴武汉，从中科院武汉植物研究所引来专家团队和先进的种植技术；地不够，探索出"飞地经济"，"引外援地"流转了1000多亩土地，建高标准基地；钱不够，与当地龙头农科企业共建果业有限公司。

"我们要立下愚公移山志，咬定目标、苦干实干，坚决打赢脱贫攻坚战，确保到2020年所有贫困地区和贫困人口一道迈入全面小康社会。"习近平总书记在2015年11月中央扶贫开发工作会议上，代表全党作出庄严承诺。

猕猴桃3年挂果，2017年开始分红。2019年年底，猕猴桃产业收益金发放仪式上，936位村民收获118万元分红，人均1600元。如今，除了猕猴桃，蜂蜜、腊肉、山泉水、苗绣等十八洞村百姓们自吃自用的东西，成了返村大学生施林娇直播平台的"带货"商品，也化作十八洞村脱贫致富的实物象征，旅游业也成为支柱产业之一。8年过去，贫困发生率曾高达56.8%的十八洞村，村民人均收入从2013年的1668元增至2020年的18369元（图6-3至图6-5）。

图6-3　如今的十八洞村　　　　　图6-4　十八洞村村民喜获大丰收

图6-5　十八洞村农家乐

第三，载入史册，中国对世界减贫事业贡献重大理论和实践创新。

2021年2月25日，习近平总书记在全国脱贫攻坚总结表彰大会上庄严宣告，脱贫攻坚战取得了全面胜利，中国完成了消除绝对贫困的艰巨任务。身着崭新苗服的十八洞村党支部书记、村委会主任施金通走上领奖台，代表全村接过"全国脱贫攻坚楷模"的奖牌。

2020年年底，中国如期完成新时代脱贫攻坚目标任务，现行标准下9899万农村贫困人口全部脱贫，832个贫困县全部摘帽，12.8万个贫困村全部出列。打赢这场"硬仗"，中国提前10年实现《联合国2030年可持续发展议程》减贫目标，显著缩小了世界贫困人口的版图。习近平总书记在长期实践的基础上，对扶贫工作进行了科学总结和理论提升，创造性地提出的精准扶贫方略，对推动这一历史进程功不可没。

实践证明，中国做到了扶持对象、项目安排、资金使用、措施到户、因村派人、脱贫成效"六个精准"，实施发展生产、易地搬迁、生态补偿、发展教育、社会保障兜底"五个一批"，解决好扶持谁、谁来扶、怎么扶、如何退、如何稳"五个问题"，增强了脱贫攻坚的目标针对性，提升了脱贫攻坚的整体效能。

2. 中国脱贫攻坚主要时间线

（1）2012年年底：中共十八大召开后不久，党中央强调，"小康不小康，关键看老乡，关键在贫困的老乡能不能脱贫"，承诺"决不能落下一个贫困地区、一个贫困群众"，拉开了新时代脱贫攻坚的序幕。

（2）2013年：党中央提出"精准扶贫"理念，创新扶贫工作机制。

（3）2015年：党中央召开扶贫开发工作会议，提出实现脱贫攻坚目标的总体要求，实行扶持对象、项目安排、资金使用、措施到户、因村派人、脱贫成效"六个精准"，实行发展生产、易地搬迁、生态补偿、发展教育、社会保障兜底"五个一批"，发出打赢脱贫攻坚战的总攻令。

（4）2017年：中共十九大把精准脱贫作为三大攻坚战之一进行全面部署，锚定全面建成小康社会目标，聚力攻克深度贫困堡垒，决战决胜脱贫攻坚。

（5）2020年：为有力应对新冠肺炎疫情和特大洪涝灾情带来的影响，党中央要求全党全国以更大的决心、更强的力度，做好"加试题"、打好收官战，信心百倍向着脱贫攻坚的最后胜利进军。

（6）2021年2月25日：习近平总书记庄严宣告，经过全党全国各族人民共同努力，在迎来中国共产党成立一百周年的重要时刻，我国脱贫攻坚战取得了全面胜利。

适用环境

课外实地。

实践设计

走访湖南湘西十八洞村，引导学生深切感受我国脱贫攻坚的巨大成效，增强学生对于中国共产党的领导以及中国特色社会主义的自信，激发其接续奋斗的信念感与使命感。

步骤一：前期准备。学生自由组队，选择带队教师，确定实践队伍并确定实践主题、搜集相关资料、撰写实践计划书。

步骤二：开展实践。可参考以下流程：

（1）学生集体参观十八洞村，如参观各类扶贫产业等，了解十八洞村全貌。

（2）学生入户调研群众生活情况，了解脱贫攻坚成果。

（3）采访十八洞村村支书等领导班子，了解脱贫攻坚经验。

（以上各环节均安排相关同学做好拍摄及记录工作。）

步骤三：制作微视频。在前期工作的基础上发挥专业优势，组织指导参与社会实践的同学制作关于脱贫攻坚的视频。

步骤四：小组汇报、评比。在完成视频制作的基础上，开展微视频大赛，由各小组分别阐发视频创作理念并进行汇报展示，邀请相关老师对各组进行打分评比。

步骤五：教师总结。带队教师针对实践队伍开展实践以及视频制作情况进行总结点评，同时对十八洞村创造脱贫攻坚巨大成就背后的深层原因以及中国减贫经验等进行讲授、总结。

效果监测

通过社会实践开展过程观察学生对于脱贫攻坚知识的掌握情况以及实践教学的参与度和积极性，学生提交的各种材料纳入课程综合评价。

（三）课堂讨论：沙漠变绿洲——塞罕坝的绿色传奇

教学主题

弘扬塞罕坝精神，持之以恒推进生态文明建设。

知识背景

塞罕坝位于河北省承德市围场满族蒙古族自治县境内，内蒙古高原的东南缘，地处内蒙古高原与河北北部山地的交接处，地貌上介于内蒙古熔岩高原和冀北山地之间，主要是高原台地。塞罕坝东西长51.46千米，南北宽17.84千米，区域平均海拔高度

1500~2067米，面积20029公顷。清朝曾在此设立"木兰围场"。历史上的塞罕坝是一处水草丰沛、森林茂密、禽兽繁集的地方，在辽、金时期被称作"千里松林"，曾作为皇帝狩猎之所，被誉为"水的源头、云的故乡、花的世界、林的海洋"。清朝后期由于国力衰退，日本侵略者掠夺性采伐、连年不断的山火和日益增多的农牧活动，这里的树木被采伐殆尽，大片森林荡然无存。到新中国成立前夕，塞罕坝由"林苍苍，树茫茫，风吹草低见牛羊"的皇家猎苑变成了"天苍苍，野茫茫，风吹沙起好荒凉"的沙地荒原（图6-6）。

图6-6 遭受破坏的塞罕坝

1962年，为恢复塞罕坝生态环境，国家建立了塞罕坝机械林场。通过塞罕坝三代人50多年的艰苦奋斗，在140万亩的总经营面积上，成功营造了112万亩人工林，创造了一个变荒原为林海、让沙漠成绿洲的绿色奇迹。森林覆盖率由建场初期的11.4%提高到了现在的80%，林木总蓄积量达到1012万立方米，塞罕坝人在茫茫的塞北荒原上成功建造出全国面积最大、集中连片的人工林海，谱写了不朽的绿色篇章（图6-7、图6-8）。

图 6-7　如今的塞罕坝

图 6-8　绿意盎然的塞罕坝

2017年，习近平总书记对河北塞罕坝林场建设者的感人事迹作出重要指示，总书记指出：他们的事迹感人至深，是推进生态文明建设的一个生动范例。全党全社会要坚持绿色发展理念，弘扬塞罕坝精神，持之以恒推进生态文明建设。"牢记使命、艰苦创业、绿色发展"的塞罕坝精神（图6-9）作为中国共产党精神谱系的重要组成部分，是中华民族自强不息、奋发图强精神的生动体现，更是推动我国生态文明建设、建设美丽中国的精神动力与价值引领。2017年，河北省塞罕坝林场的建设者们被联合国环境规划署授予"地球卫士奖"，塞罕坝治理实践为全球荒漠化治理贡献了中国智慧。

图6-9　塞罕坝精神

适用环境

课堂环境。

实践设计

步骤一：课前准备。提前明确本次的讨论主题，拟定讨论提纲，包括讨论目的、讨论的重点问题及内容、预期目标等。

步骤二：教师导入。任课教师播放塞罕坝林场建设的相关视频，引发学生思考。

步骤三：小组研讨。通过划分小组或使用教学班级既有小组，安排学生开展课堂讨论。通过塞罕坝前后环境的对比，深刻感受塞罕坝精神，思考今天我们该如何弘扬塞罕坝精神。

步骤四：代表发言。各小组派代表汇报组内讨论的结果。同时，进行生生互评，实现观点碰撞与交流。

步骤五：教师点评。任课教师对各小组的讨论情况进行点评，并对塞罕坝精神以及我国推进生态文明建设的战略举措等内容进行讲授和总结。

效果监测

通过教学过程观察学生对背景知识的掌握情况和实践教学参与度，将学生发言的相关情况纳入课程综合评价。

（四）观看《永远在路上》专题片

教学主题

反腐倡廉永远在路上。

知识背景

《永远在路上》专题片反映了中共十八大以来，以习近平同志为核心的党中央把全面从严治党提升到"四个全面"战略布局高度，正风肃纪，锲而不舍纠"四风"，赢得党心民心；反腐惩恶，整治群众身边的腐败问题，厚植党执政的政治基础，着力构建不敢腐、不能腐、不想腐的体制机制，使不敢腐的震慑作用得到发挥，不能腐、不想腐的效应初步显现，反腐败斗争压倒性态势正在形成。

《永远在路上》摄制组先后赴22个省（区、市），拍摄40多个典型案例，采访70余位国内外专家学者、纪检干部，采访了苏荣、周本顺、李春城等10余位因严重违纪违法而落马的省部级以上官员，剖析了一些典型案例，讲述了一些鲜活的监督执纪故事。

2014年的最后一天，国家主席习近平发表了2015年新年贺词。在1371个字的新年贺词里，"正风""反腐"高频出现，给海内外留下了深刻的印象。习近平总书记强调："我们要继续全面推进从严治党，毫不动摇转变作风，高举反腐的利剑，扎牢制度的笼子，在中国共产党领导的社会主义国家里，腐败分子发现一个就要查处一个，有腐必惩，有贪必肃。"几年来，以习近平同志为核心的党中央着眼于实现"两个一百年"奋斗目标和中华民族伟大复兴的中国梦，直面"四大考验""四种危险"，作出"反腐败斗争形势依然严峻复杂"的判断，鲜明提出"有腐必反""有贪必惩"，反复强调党风廉政建设和反腐败斗争"永远在路上"，把全面从严治党提升到了"四个全面"战略布局高度。中共十八大以来，一批腐败分子被绳之以党纪国法，宣示着中国共产党敢于直面问题、捍卫党纪、自我净化、自我革新。

习近平总书记指出："我们党作为执政党，面临的最大威胁就是腐败。"中共十八大以来，我们党坚持"老虎""苍蝇"一起打，使不敢腐的震慑作用得到发挥，不能腐、不想腐的效应初步显现，反腐败斗争压倒性态势正在形成。反腐倡廉、拒腐防变必须警钟长鸣。各级领导干部要牢固树立正确权力观，保持高尚精神追求，敬畏人民、敬畏组织、敬畏法纪，做到公正用权、依法用权、为民用权、廉洁用权，永葆共产党人拒腐蚀、永不沾的政治本色。我们要以顽强的意志品质，坚持零容忍的态度不变，做到有案必查、有腐必惩，让腐败分子在党内没有任何藏身之地！

全面从严治党、深入推进党风廉政建设和反腐败斗争，是中国共产党对人民的承诺、对世界的宣示。因为，这是民意所致、民心所向。每个人都期望生活在一个风清气正的社会里，这关乎每个人的安全感和幸福感。党风廉政建设和反腐败斗争的效果怎么样，人民的心中自有一杆秤。人心向背是最公正的砝码，也是唯一的砝码。

适用环境

课堂环境。

实践设计

步骤一：教师导入。向学生介绍几位典型的落马官员并播放相关片段，如"大老虎"周永康、寒门苦读却成贪官的周本顺、妻子办事受贿自己默默支持的白培恩、基层"小苍蝇"于凡等。

步骤二：小组讨论。围绕"如果你有机会和这些官员说一段话，你会和谁说？说什么？"这一主题，结合观看的视频和教师导入的知识背景进行讨论。

步骤三：代表发言。各小组派代表发言，同时组织各组之间互相点评，形成学生间的观点交流。

步骤四：教师点评。对各小组的讨论情况进行点评，并讲授中共十八大以来以习近平同志为核心的党中央着眼于全面从严治党，进行党风廉政建设和反腐败斗争的重点工作和基本路径等内容。

效果监测

通过教学过程观察学生对背景知识的掌握和实践教学参与度。小组发言情况可纳入课程综合评价。

五、拓展思考

（1）中国特色社会主义进入了新时代，新时代"新"在哪里？

（2）如何准确把握中国共产党的领导是中国特色社会主义最本质的特征？

（3）为什么说实现伟大梦想必须进行伟大斗争、建设伟大工程、推进伟大事业？

（4）为什么说"中国已经走出了社会主义初级阶段""中国已经不是发展中国家"等观点是错误的？

重点回顾·知识速递

（1）2012年11月8日至14日，中国共产党第十八次全国代表大会胜利召开。大会确定全面建成小康社会和全面深化改革开放的目标，阐明中国特色社会主义道路、中国特色社会主义理论体系、中国特色社会主义制度的科学内涵及其相互联系。大会通过《中国共产党章程（修正案）》，把科学发展观同马克思列宁主义、毛泽东思想、邓小平理论、"三个代表"重要思想一道确立为党的指导思想并写入党章。

（2）2012年11月29日，习近平总书记在国家博物馆参观《复兴之路》展览时指出："实现中华民族伟大复兴，就是中华民族近代以来最伟大的梦想。"2013年3月17日，习近平总书记在十二届全国人大一次会议闭幕会上的讲话中指出，实现中华民族伟大复兴的中国梦，就是要实现国家富强、民族振兴、人民幸福。实现中国梦，必须走中国道路、弘扬中国精神、凝聚中国力量。

（3）2012年12月4日，中共中央政治局会议通过《十八届中央政治局关于改进工作作风、密切联系群众的八项规定》。

（4）2013年3月11日，习近平总书记在出席十二届全国人大一次会议解放军代表团全体会议时讲话指出，建设一支听党指挥、能打胜仗、作风优良的人民军队，是党在新形势下的强军目标。

（5）2013年3月23日，习近平总书记在俄罗斯莫斯科国际关系学院发表演讲，强调人类越来越成为你中有我、我中有你的命运共同体，呼吁各国共同推动建立以合作共赢为核心的新型国际关系。2015年9月28日，习近平总书记在纽约联合国总部出席第70届联合国大会一般性辩论并发表讲话，提出携手构建合作共赢新伙伴，同心打造人类命运共同体。2017年1月18日，习近平总书记在日内瓦万国宫出席"共商共筑人类命运共同体"高级别会议并发表主旨演讲，主张共同推进构建人类命运共同体伟大进程，坚持对话协商、共建共享、合作共赢、交流互鉴、绿色低碳，建设一个持久和平、普遍安全、共同繁荣、开放包容、清洁美丽的世界。

（6）2013年9月7日、10月3日，习近平总书记分别在哈萨克斯坦纳扎尔巴耶夫大学、印度尼西亚国会发表演讲，先后提出共同建设"丝绸之路经济带"与"21世纪海上丝绸之路"，即"一带一路"倡议。

（7）2014年12月5日，中共中央决定给予周永康开除党籍处分。中共十八大以来，党中央坚持反腐败无禁区、全覆盖、零容忍，坚定不移"打虎""拍蝇""猎狐"，一体推进不敢腐、不能腐、不想腐。反腐败斗争取得压倒性胜利。

（8）2015年5月8日，国务院印发《中国制造2025》，提出通过"三步走"实现制造强国的战略目标。

（9）2016年4月25日，习近平总书记在安徽凤阳县小岗村主持召开农村改革座谈会时指出，新形势下深化农村改革，主线仍然是处理好农民和土地的关系。最大的政策，就是必须坚持和完善农村基本经营制度，坚持农村土地集体所有，坚持家庭经营基础性地位，坚持稳定土地承包关系。

（10）2017年7月1日，习近平总书记出席庆祝香港回归祖国20周年大会暨香港特别行政区第五届政府就职典礼并发表讲话。习近平指出，中央贯彻"一国两制"方针坚持两点：一是坚定不移，不会变、不动摇；二是全面准确，确保"一国两制"在香港的实践不走样、不变形，始终沿着正确方向前进。

（11）2017年7月30日，庆祝中国人民解放军建军90周年阅兵在朱日和联合训练基地举行，习近平总书记检阅部队。8月1日，习近平总书记在庆祝中国人民解放军建军90周年大会上的讲话中指出，党对军队的绝对领导是中国特色社会主义的本质特征，是党和国家的重要政治优势，是人民军队的建军之本、强军之魂。

| 本章结语 |

　　为了实现中华民族伟大复兴，中国共产党团结带领中国人民，自信自强、守正创新，统揽伟大斗争、伟大工程、伟大事业、伟大梦想，创造了新时代中国特色社会主义的伟大成就。中共十八大以来，中国特色社会主义进入新时代，我们坚持和加强党的全面领导，统筹推进"五位一体"总体布局、协调推进"四个全面"战略布局，坚持和完善中国特色社会主义制度、推进国家治理体系和治理能力现代化，坚持依规治党、形成比较完善的党内法规体系，战胜一系列重大风险挑战，实现第一个百年奋斗目标，明确实现第二个百年奋斗目标的战略安排，党和国家事业取得历史性成就、发生历史性变革，为实现中华民族伟大复兴提供了更为完善的制度保证、更为坚实的物质基础、更为主动的精神力量。中国共产党和中国人民以英勇顽强的奋斗向世界庄严宣告，中华民族迎来了从站起来、富起来到强起来的伟大飞跃，实现中华民族伟大复兴进入了不可逆转的历史进程！

第七章

决胜全面建成小康社会和
开启全面建成社会主义
现代化强国新征程
（2017—2021）

一、内容聚焦

本章内容主要概述了中共十九大以来,党和国家团结带领全国各族人民为决胜全面建成小康社会,实现第一个百年奋斗目标,夺取新时代中国特色社会主义伟大胜利所作的努力和取得的伟大成就。为实现中华民族的伟大复兴,中国共产党团结带领全国人民在立足新发展阶段、贯彻新发展理念、构建新发展格局中,又开启了全面建成社会主义现代化强国的新征程。

(一)中共十九大和习近平新时代中国特色社会主义思想

2017年10月18日至24日,中国共产党第十九次全国代表大会在北京举行。习近平同志代表第十八届中央委员会向大会作题为《决胜全面建成小康社会 夺取新时代中国特色社会主义伟大胜利》的报告。大会的主题是:不忘初心,牢记使命,高举中国特色社会主义伟大旗帜,决胜全面建成小康社会,夺取新时代中国特色社会主义伟大胜利,为实现中华民族伟大复兴的中国梦不懈奋斗。大会高度评价党的十八大以来党和国家事业取得的历史性成就、发生的历史性变革。大会提出我国社会主要矛盾已经转化为人民日益增长的美好生活需要和不平衡不充分的发展之间的矛盾,我国社会主要矛盾的变化是关系全局的历史性变化,对党和国家工作提出了许多新要求。大会结合"两个一百年"奋斗目标,对决胜全面建成小康社会、开启全面建设社会主义现代化国家新征程作出战略部署和安排。

中共十八大以来,以习近平同志为核心的党中央从理论和实践结合上系统回答了新时代坚持和发展什么样的中国特色社会主义、怎样坚持和发展中国特色社会主义这个重大时代课题,回答了新时代坚持和发展中国特色社会主义的总目标、总任务、总体布局、战略布局和发展方向、发展方式、发展动力、战略步骤、外部条件、政治保证等基础问题,并且,根据新的实践对经济、政治、法治、科技、文化、教育、民生、民族、宗教、社会、生态文明、国家安全、国防和军队、"一国两制"和祖国统一、统一战线、外交、党的建设等各方面作出理论分析和政策指导,创立了习近平新时代中国特色社会主义思想。

习近平新时代中国特色社会主义思想,是从新时代中国特色社会主义伟大实践中产生的理论结晶,是推动新时代党和国家事业不断向前发展的科学指南,是引领中国、影响世界的当代中国马克思主义、21世纪马克思主义。中共十九大报告用"八个明确"

和"十四个坚持"全面阐述了习近平新时代中国特色社会主义思想的科学内涵和实践要求。

（二）坚持和加强中国共产党的全面领导

中共十九大将"中国特色社会主义最本质的特征是中国共产党领导，中国特色社会主义制度的最大优势是中国共产党领导，党是最高政治领导力量"确立为习近平新时代中国特色社会主义思想的重要内容，同时把这一重大政治原则写入党章，把"坚持党对一切工作的领导"作为新时代坚持和发展中国特色社会主义的基本方略的第一条。2018年3月，十三届全国人大一次会议通过《中华人民共和国宪法修正案》，在宪法序言确定党的领导地位的基础上，又在总纲中明确规定中国共产党领导是中国特色社会主义最本质的特征，强化了党总揽全局、协调各方的领导地位。2019年10月，党的十九届四中全会把坚持和完善党的领导制度体系放在首要位置，通过的决定强调，"健全总揽全局、协调各方的党的领导制度体系，把党的领导落实到国家治理各领域各方面各环节"，并强调推动全党增强"四个意识"，坚定"四个自信"，做到"两个维护"，自觉在思想上政治上行动上同以习近平同志为核心的党中央保持高度一致，坚决把维护习近平总书记党中央的核心、全党的核心地位落到实处。

党的政治建设决定党的建设的方向和效果，是党的建设的"灵魂"和"根基"。党的十九大提出了党的政治建设重大命题，并把党的政治建设摆在党的建设总体布局的首位。《中共中央关于加强党的政治建设的意见》明确指出，加强党的政治建设，目的是坚定政治信仰，强化政治领导，提高政治能力，净化政治生态，实现全党团结统一、行动一致。2019年3月，全国巡视工作会议暨十九届中央第三轮巡视动员部署会召开，紧扣督促做到"两个维护"根本任务，严守政治纪律和政治规矩，推进政治监督具体化常态化。2020年12月，习近平总书记在中央政治局民主生活会上进一步强调，必须增强政治意识，善于从政治上看问题，善于把握政治大局，不断提高政治判断力、政治领悟力、政治执行力。

（三）推进国家制度和治理体系建设

深化党和国家机构改革。2018年2月，中共十九届三中全会通过了《中共中央关于深化党和国家机构改革的决定》和《深化党和国家机构改革方案》，从完善党的全面领导的制度、优化政府机制设置和职能配置、统筹党政军群机构改革、合理设置地方机构、推进机构编制法定化五个方面对改革进行了整体部署。中共十九届三中全会后，从中央到地方、上下同心、扎实推进，各项改革部署迅速落实到位。2018年3月，新组建的国家监察委员会正式揭牌运行，党和国家机构改革全面铺开。2019年7月，习近平总书记在深化党和国家机构改革总结会议上发表重要讲话，充分肯定了深化党和国家机构改革取得的重大成效和宝贵经验。主要是：坚持党对机构改革的全面领导，坚持不立不破、先立后破，坚持改革和法治相统一、相协调，坚持把思想政治工作贯穿改革全过程。实践证明，党中央关于深化党和国家机构改革的战略决策充分彰显党的集中统一领导和我国社会主义制度的政治优势，同时也为推进国家治理体系和治理能力现代化提供了有力的组织保障。

坚持和完善中国特色社会主义制度。2019年10月，中共十九届四中全会审议通过《中共中央关于坚持和完善中国特色社会主义制度、推进国家治理体系和治理能力现代化若干重大问题的决定》，系统总结了我国国家制度和国家治理体系的巨大成就和显著优势，深入回答在我国国家制度和国家治理体系上应该"坚持和巩固什么，完善和发展什么"这个重大政治问题，深入阐释了支撑中国特色社会主义制度的根本制度、基本制度、重要制度，对新时代坚持和完善中国特色社会主义制度，推进国家治理体系和治理能力现代化作出顶层设计和全面部署。

推动各领域改革向纵深发展。中共十九大以后，中国共产党对新时代全面深化改革勾勒出更加清晰的顶层设计，前期的重点是夯基垒台，中期是全面推进，后期是系统集成。2017年11月，十九届中央全面深化改革领导小组第一次会议指出，无论改什么、改到哪一步，坚持党对改革的集中统一领导不能变，完善和发展中国特色社会主义制度、推进国家治理体系和治理能力现代化的总目标不能变，坚持以人民为中心的改革价值取向不能变。全面深化改革继续打硬仗、啃硬骨头。到2020年底，各领域基础性制度框架基本确立，许多领域实现历史性变革、系统性重塑、整体性重构。2021年2月，习近平总书记在中央全面深化改革委员会第十八次会议上强调，全面深化改革同贯彻新发展理念、构建新发展格局紧密关联，要完整、准确、全面贯彻新发展理念，扭住构建新发展格局目标任务，更加精准地出台改革方案，推动改革向更深层次挺进，发挥全面深化改革在构建新发展格局中的关键作用。

（四）决胜全面建成小康社会

消除贫困、改善民生、逐步实现共同富裕，是中国特色社会主义的本质要求，也是中国共产党的重要历史使命。以习近平同志为核心的党中央，坚持以人民为中心的发展思想，把脱贫攻坚摆到治国理政的重要位置，提升到事关全面建成小康社会、实现第一个百年奋斗目标的政治高度，充分发挥党的领导和我国社会主义制度的政治优势，采取了许多具有原创性、独特性的重大举措，组织实施了人类历史上规模最大、力度最强的脱贫攻坚战。2017年10月，中共十九大向全党全国人民发出坚决打赢脱贫攻坚战的动员令。2018年8月，中共中央、国务院印发《关于打赢脱贫攻坚战三年行动的指导意见》，提出打赢脱贫攻坚战三年行动的总体要求与方案。习近平总书记高度重视消除贫困问题，足迹遍布全国14个集中连片特困地区，先后在陕西、贵州、宁夏等地主持召开7次脱贫攻坚座谈会。2020年1月，中共中央、国务院下发《关于抓好"三农"领域重点工作，确保如期实现全面小康的意见》，对收官之年的脱贫攻坚的重点工作进行了部署。同年11月23日，我国最后9个贫困县实现贫困退出，全国832个县全部脱贫，12.8万个贫困村全部出列，近1亿贫困人口实现脱贫，消除了绝对贫困和区域性整体贫困，为实现全面建成小康社会目标任务作出了关键性贡献。2021年2月25日，全国脱贫攻坚总结表彰大会举行，习近平总书记在会上庄严宣告：我国脱贫攻坚战取得了全面胜利。

到中国共产党成立一百周年时，全面建成惠及十几亿人口的更高水平的小康社会，是我们党进入21世纪后，在基本建成小康社会基础上提出的奋斗目标，是向人民、向历史作出的庄严承诺。从党的十九大到2020年，是全面建成小康社会的决胜期。党中央提出，要突出抓重点、补短板、强弱项，坚决打好防范化解重大风险、精准脱贫、污染防治三大攻坚战，使全面建成小康社会得到人民认可、经得起历史检验。2021年7月1日，习近平总书记在庆祝中国共产党成立100周年大会上庄严宣告："在中华大地上全面建成了小康社会，历史性地解决了绝对贫困问题。"全面建成小康社会，是中国共产党向人民、向历史作出的庄严承诺。这个宏伟目标，是"两个一百年"奋斗目标的第一个百年奋斗目标，是中华民族伟大复兴征程上的又一座重要里程碑。

中共十九大后，面对国内外风险挑战明显增多的复杂局面，党中央坚持统筹国内国际两个大局，统筹发展安全两件大事。习近平指出："领导干部要胸怀两个大局，一个是中华民族伟大复兴的战略全局，一个是世界百年未有之大变局，这是我们谋划工作的基本出发点。"统筹发展和安全，增强忧患意识，做到居安思危，是我们党治国理政的一个重大原则。中共十九届五中全会首次把统筹发展和安全纳入"十四五"时期我国经济社会发展的指导思想，并列专章作出战略部署，突出了国家安全在党和国家工作大局中的重要地位。坚持底线思维，增强忧患意识，着力防范化解重大风险，是习近平新时代中国特色社会主义思想的重要内容。

坚持走中国特色强军之路。2017年10月，中共十九大明确指出，党在新时代的强军目标是建设一支听党指挥、能打胜仗、作风优良的人民军队，并作出新的战略安排，强调确保到2020年基本实现机械化，信息化建设取得重大进展，战略能力有大的提升，力争到 2035 年基本实现国防和军队现代化，到本世纪中叶把人民军队全面建成世界一流军队。

开拓中国特色大国外交新局面。中共十九大以来，世界多极化加速发展，国际关系分化组合更趋复杂，国际格局面临深刻调整，力量对比向更加均衡方向发展。面对保护主义的抬头，单边霸凌的逆流，中国支持全球化进程，坚守自由贸易体制，维护多边主义规则。从主场外交到国际会议，从政策宣示到务实举措，中国不断对外释放扩大开放的明确信号，坚定地站在历史前进的正确一边。中共十九大报告把坚持推动构建人类命运共同体作为新时代坚持和发展中国特色社会主义的基本方略之一，并写入新修改的《中国共产党章程》。"一带一路"倡议目前已经成为世界上最受欢迎的公共产品和最大规模的合作平台。

（五）开启全面建成社会主义现代化强国新征程

建设社会主义现代化国家，一直是党和国家的奋斗目标。实现社会主义现代化和中华民族伟大复兴，在全面建成小康社会的基础上，分两步走在本世纪中叶建成富强民主文明和谐美丽的社会主义现代化强国。这两步分别是：从 2020 年到 2035 年，在全面建成小康社会的基础上，再奋斗 15 年，基本实现社会主义现代化；从 2035 年到本世纪中叶，在基本实现现代化的基础上，再奋斗 15 年，把我国建成富强民主文明和谐美丽的社会主义现代化强国。2020 年全面建成小康社会，"四个全面"战略布局的内涵演化为"全面建设社会主义现代化国家、全面深化改革、全面依法治国、全面从严治党"。2021 年 1 月，习近平总书记在省部级主要领导干部学习贯彻党的十九届五中全会精神专题研讨班开班式上发表重要讲话指出，要准确把握新发展阶段，深入贯彻新发展理念，加快构建新发展格局，推动"十四五"时期高质量发展，确保全面建设社会主义现代化国家开好局、起好步。

通过学习本章内容，在知识层面上，使学生进一步学习习近平新时代中国特色社会主义思想。在此基础上，深刻把握我国进入新时代以来建设社会主义现代化强国的战略部署，了解我国在经济、政治、文化、社会、生态、国防、军队、外交、党的建设等方面的新举措、新思路。

在价值层面上，系统地了解新时代中国特色社会主义理论发展和实践探索的最新成果，牢固树立中国特色社会主义共同理想，牢固树立为实现中华民族伟大复兴而奋斗的信心，自觉培育和践行社会主义核心价值观。

在政治认同层面上，能够通过学习与实践，使学生不断坚定马克思主义信仰，不断增强做中国人的志气、骨气、底气，不负时代、不负韶华，树立为祖国为人民永久奋斗、赤诚奉献的坚定理想。

二、知识要点

决胜全面建成小康社会和开启全面建成社会主义现代化强国新征程

- 中共十九大和习近平新时代中国特色社会主义思想
  - 中共十九大和新时代中国特色社会主义的战略安排
  - 确立习近平新时代中国特色社会主义思想为党的指导思想
  - 十三届全国人大一次会议与宪法修改

- 坚持和加强中国共产党的全面领导
  - 坚持党对一切工作的领导
  - 坚持维护中央权威和集中统一领导
  - 把党的政治建设摆在首位
  - 深入推进党的自我革命

- 推进国家制度和治理体系建设
  - 深化党和国家机构改革
  - 坚持和完善中国特色社会主义制度
  - 推动各领域改革向纵深发展

- 决胜全面建成小康社会
  - 脱贫攻坚战取得全面胜利
  - 统筹国内国际两个大局、应对重大风险挑战
  - 统筹新冠肺炎疫情防控和经济社会发展
  - "十三五"规划顺利完成

- 开启全面建成社会主义现代化强国新征程
  - "十四五"规划和2035年远景目标的提出
  - 立足新发展阶段，贯彻新发展理念，构建新发展格局
  - 第一个百年奋斗目标实现与向第二个百年奋斗目标迈进

三、实践资源

（一）场馆

（1）中央礼品文物管理中心《友好往来　命运与共——党和国家领导人外交活动礼品展》：中央礼品文物管理中心是中共中央办公厅的下属机构。2021年6月19日，被中宣部命名为"全国爱国主义教育示范基地"。《友好往来　命运与共——党和国家领导人外交活动礼品展》设有一个主展区和两个专题区，以新中国成立以来的重大外交事件为主线，系统展示了中国共产党人成功开辟和发展新中国外交事业所走过的光辉历程、取得的辉煌成就，特别是中共十八大以来中国特色大国外交取得的历史性、开创性成就，生动见证了我国同建交国家之间的友好往来、深厚友谊、文化交流和文明互鉴。主展区分为"独立自主，和平共处""开放合作，和平发展""大道同行，命运与共"3个篇章，两个专题区分别以"世界舞台，大国担当""缤纷世界，文明互鉴"为题。展品有670余件礼品、40余幅照片和近百件文献、文摘、新媒体资料等。

（2）中国空间技术研究院展示中心：2018年4月26日开馆。2021年6月，入选中宣部新命名的111个全国爱国主义教育示范基地。展示中心总建筑面积约5000平方米，共分为三层。一层为宇航系统展区，二层为宇航产品与技术展区和航天文化展区，三层为航天技术应用展区。展示中心将成为展示研究院成就、技术实力、技术储备、研发成果的名片，成为开展技术交流与合作的平台，成为传承和弘扬航天精神的窗口，成为坚定中国空间事业发展"四个自信"的阵地。

（3）中国铁道博物馆正阳门馆：位于北京天安门广场东南角，在具有百余年历史的原"京奉铁路正阳门东车站"旧址上改建而成，以"中国铁路发展史"为基本陈列内容。馆内运用大量文物和翔实的图片史料，并采用声、光、电于一体的模拟驾驶舱体验，多媒体触摸、沙盘演示等手段，全面反映中国铁路发展的历史轨迹。正阳门馆内部建设大气恢宏，建筑面积达9485平方米。展厅内容分为蹒跚起步、步履维艰、奋发图强、长足进步和科学发展的中国铁路五个部分；涵盖了从清朝末年至今130余年的历史；展现了中国铁路从无到有、从弱到强的发展历程。中国铁道博物馆正阳门馆特殊的地理位置，厚重的铁路历史，丰富的文化内涵，必将成为科学普及与宣传铁路文化知识的平台，成为爱国主义宣传教育的基地，成为向世界展示中国铁路发展历史与现代化建设成就的窗口。

（4）于都县梓山镇潭头村：江西省赣州市于都县梓山镇下辖村，位于于都县城东面，距县城 11 公里，北临贡水河畔，323 国道穿村而过。这里村民勤劳，村里绿化成荫。2019 年 5 月 20 日，习近平总书记带着对老区人民的牵挂，来到潭头村考察，同当地镇、村干部及孙观发一家围坐在一起拉家常。从那天起，孙观发被乡亲们称为"最幸福的人"，他的家也成为网红打卡地。2019 年 7 月，在村两委的牵头下，由 6 个村民小组、162 户人家，每户出资 2000 元组建的潭头村旅游开发有限公司成立了，构建起了"村集体＋旅游公司＋村民"利益共同体，发展起了富硒食堂、民宿、特色农产品销售、红色研学旅游等产业。自此，村民们端上了旅游饭碗，过上了更富裕的生活。

（5）瑞金市叶坪镇黄沙村华屋：华屋红色底蕴深厚，因整个村庄姓华，故称华屋，是远近闻名的"红军烈士村"。1929 年至 1934 年，当时仅有 43 户的华屋先后有 17 位青壮年，在种下 17 棵松树后，决心跟着红军参加革命并全部壮烈牺牲，留下了"17 棵英雄烈士松"的壮美故事。如今这 17 棵松树毅然昂首挺立在华屋的后山上，时刻提醒着后人：八十年沧桑岁月，八十年红心依旧。随着脱贫攻坚工作的推进，华屋发生了翻天覆地的变化，村里建成了整齐划一、错落有致的小洋房，发展了高效农业，乡村旅游红红火火，村民过上了幸福的生活。近年来，华屋巧借赣南苏区振兴发展东风，用好用活精准扶贫政策，整个村庄发生了翻天覆地的变化，家家户户都住上了新房子、喝上了自来水、用上了稳压电、走上了平坦路。2018 年，华屋被民政部评为"全国农村幸福社区建设示范单位"，成为全国"脱贫攻坚示范村""苏区振兴样板村"。如今，红军烈士村旧貌换新颜，一排排规划有序的白墙碧瓦新居与秀美的村庄环境相映生辉，村中道路通畅，田间瓜果飘香，家家户户产业兴旺，村民的获得感和幸福感也在不断增加。

（二）文献

（1）习近平：《决胜全面建成小康社会　夺取新时代中国特色社会主义伟大胜利——在中国共产党第十九次全国代表大会上的报告》，人民出版社 2017 年版。

（2）《习近平谈治国理政》第一卷，外文出版社 2018 年版。

（3）《习近平谈治国理政》第二卷，外文出版社 2017 年版。

（4）《习近平谈治国理政》第三卷，外文出版社 2020 年版。

（5）习近平：《论中国共产党历史》，中央文献出版社 2021 年版。

（6）《中国共产党简史》，人民出版社 2021 年版。

（7）《中华人民共和国简史》，人民出版社 2021 年版。

（8）习近平：《在庆祝中国共产党成立 100 周年大会上的讲话》，人民出版社 2021

年版。

（9）中共中央宣传部：《习近平新时代中国特色社会主义思想学习问答》，学习出版社、人民出版社 2021 年版。

（10）中共中央党校（国家行政学院）：《习近平新时代中国特色社会主义思想基本问题》，人民出版社、中共中央出版社 2020 年版。

（11）中华人民共和国国务院新闻办公室：《人类减贫的中国实践》，人民出版社 2021 年版。

（12）《中共中央关于制定国民经济和社会发展第十四个五年规划和二〇三五年远景目标的建议》，人民出版社 2020 年版。

（13）江宇：《烟台纪事——党支部领办合作社之路》，人民日报出版社 2021 年版。

（三）影视

（1）纪录片《摆脱贫困》：全片共八集，分别为《庄严承诺》《精准施策》《使命在肩》《合力攻坚》《咬定青山》《家国情怀》《命运与共》《再启新程》。该片系统讲述了中共十八大以来，以习近平同志为核心的党中央带领全国各族人民向贫困宣战，使现行标准下近 1 亿农村贫困人口全部脱贫，832 个贫困县全部摘帽的故事，其透过人类历史上规模最大、力度最强的脱贫攻坚战和极具原创性、独特性的重大举措，充分彰显了中国共产党的坚强领导力和中国特色社会主义制度的优越性。

（2）电视剧《最美的乡村》：郭靖宇监制，杨志刚、岳丽娜、刘智扬领衔主演的脱贫攻坚大剧。该剧以中国共产党和国家新时代"脱贫攻坚、全面小康"重大历史使命为故事背景，以单元剧的叙事手法，讲述了中国北方青山镇新上任的党委副书记唐天石、市广播电视台新闻女主播辛兰、返乡创业大学生石全有三位青年共产党人积极响应党中央号召、主动接受脱贫攻坚工作的故事，充分展示了青年共产党人在扶贫事业中敢于担当、积极作为的精神风貌。

（3）纪录片《同心战"疫"》：中宣部、中央广播电视总台联合制作的 6 集大型纪录片。它通过大量珍贵影像，回望这场惊心动魄的抗疫搏杀，展现了以习近平同志为核心的党中央在抗疫斗争中的指挥方略、决策过程，展现了党员干部冲锋在前、白衣勇士逆行出征等可歌可泣的英雄事迹，讲述了亿万人民同舟共济、守望相助的感人故事，彰显了中国共产党领导和中国特色社会主义制度的显著政治优势，展现了中国人民深厚的家国情怀、天下情怀。全片共六集，分别为《令出如山》《生死阻击》《坚强防线》《众志成城》《命运与共》《人民至上》。

（4）纪录片《深圳故事》：中央广播电视总台联合广东省委宣传部、深圳市委宣传部

| 第七章 决胜全面建成小康社会和开启全面建成社会主义现代化强国新征程（2017—2021）

为纪念改革开放 40 周年而特别推出的 8 集纪录片。1978 年 12 月，十一届三中全会正式开启了中国改革开放的大幕。1979 年 7 月，深圳蛇口炸响了中国改革开放的第一炮。作为中国改革的试验田，深圳特区见证了独特而坚定的改革开放从理论到实践再到伟大成就的创造历程。纪录片以深圳为样本，通过讲述今天鲜活的"深圳故事"，从一个城看一段历史，从这段历史读懂中国人改革的意义，以及它给中国和世界政经历史所留下的坐标意义。

（5）庆祝中国共产党成立 100 周年大型情景史诗《伟大征程》：是为了庆祝中国共产党成立 100 周年，由中宣部、文化和旅游部、国家广播电视总局、中央广播电视总台、中央军委政治工作部、北京市主办的文艺演出。《伟大征程》以大型情景史诗形式呈现，共分为《浴火前行》《风雨无阻》《激流勇进》《锦绣前程》4 个篇章以及首尾的"起航""领航"部分，综合运用音乐舞蹈、情景表演、广场行进、戏剧演出、视频影像等多种艺术手段，生动展现中国共产党百年来带领人民进行革命、建设、改革的壮美画卷，热情歌颂中共十八大以来，在以习近平同志为核心的党中央正确领导下，中国取得的历史性成就、发生的历史性变革，展示全面建设社会主义现代化国家的光明前景。

四、实施案例

（一）课堂讨论——庆祝中华人民共和国成立70周年大会阅兵式与开国大典阅兵式的对比

教学主题

庆祝中华人民共和国成立 70 周年大会阅兵式与开国大典阅兵式的对比。

知识背景

中国人民解放军大阅兵，是指在中国共产党领导下的中华人民共和国的重要武装力量，在国庆或其他重要场合举行的一项极其隆重的仪式。从 1949 年中华人民共和国成立之后到 1959 年的十年间，每年国庆都在天安门广场举行一次大规模的阅兵。根据中国人民政治协商会议的决定，阅兵被列为国庆大典的一项重要内容。直到 1960 年 9 月，中共中央、国务院本着厉行节约、勤俭建国的方针，决定改革国庆典礼制度，实行"五年一小庆、十年一大庆,逢大庆举行阅兵"。之后,由于"文化大革命"国庆阅兵被中断,直到1981年,根据邓小平的提议,中共中央以及中央军委决定恢复阅兵。2019年10月1日,庆祝中华人民共和国成立70周年阅兵式隆重举行。从1949年到2019年,我国共举行过15次国庆阅兵,其中开国大典与70周年庆典的两次大阅兵影响较大,相隔时间最长,对比最为明显且最具代表意义(图7-1)。

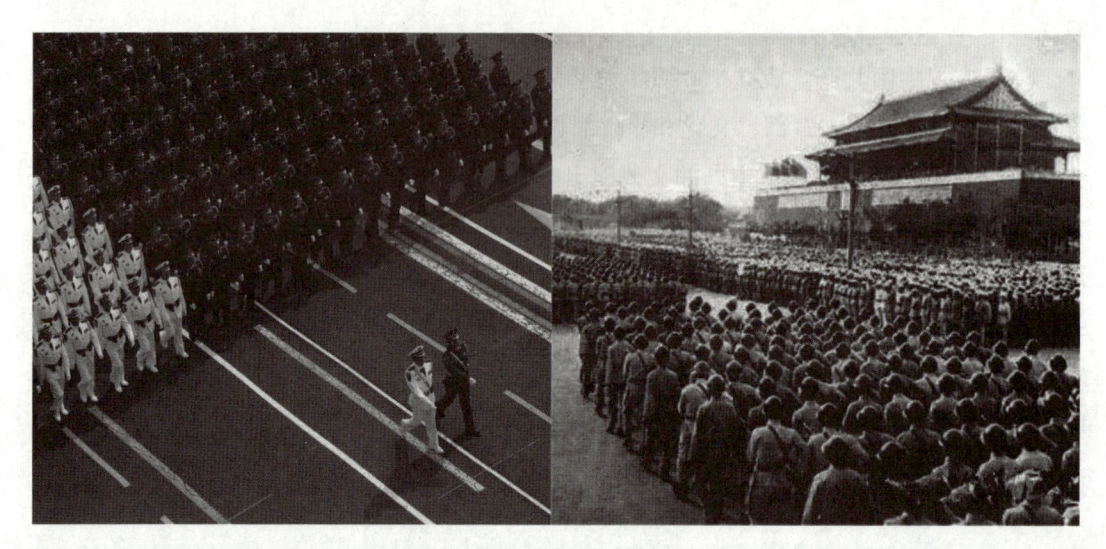

图7-1 庆祝中华人民共和国成立70周年大会阅兵式与开国大典阅兵式的对比

1. 开国大典阅兵

1949年10月1日,开国大典在北京天安门广场隆重举行,中国的历史从此翻开新篇章。三十万军民参加这一旷世盛典。在隆隆的礼炮声中,毛泽东主席在天安门城楼上亲手升起第一面五星红旗,并向全世界庄严宣告:"中华人民共和国中央人民政府今天成立了!"阅兵式开始,朱德总司令在阅兵总指挥聂荣臻的陪同下,乘敞篷汽车检阅部队。中国人民解放军受阅部队列成方阵,迈着威武雄壮的步伐,由东向西分列式通过天安门广场。与此同时,刚刚组建的人民解放军空军战斗机、轰炸机,凌空掠过天安门广场,接受检阅(图7-2)。

| 第七章 | 决胜全面建成小康社会和开启全面建成社会主义现代化强国新征程（2017—2021）

图 7-2　开国大典阅兵式的步兵师方队与坦克方队

受阅部队的陆海空三军，由 12 个步兵师方队、12 个骑兵师方队、8 个炮兵师方队、3 个团战车师方队以及 6 个空中编队组成，共 16400 余人。受阅装备有轻重武器 110 多种，产自 24 个国家的 98 家工厂。其中火炮 119 门（不含轻迫击炮）、坦克 95 辆、装甲车 57 辆、汽车 222 辆、飞机 17 架、军马 2344 匹。

新中国刚刚成立，百废待兴。1949 年大阅兵，是获得新生的中国在极其困难的条件下进行的，我军武器装备大都是缴获的"万国牌"。受阅的步兵师步枪方队的武器主要是日本造的"三八大盖"步枪；冲锋枪方队配备的是美国造的"汤姆逊"冲锋枪和英国造的"斯登"冲锋枪；轻机枪方队主要是捷克式轻机枪。

共有 17 架飞机参加开国大典，由于"飞机少了点"，仅有的飞机凑不够空中梯队，周恩来总理说："那就飞两遍吧。"阅兵当日，按照预定方案，速度较快的 9 架 P-51 型战斗机飞过之后，再向右转弯，沿北城墙外侧飞行，迅速绕过建国门，衔接到第 6 分队的后面，第二次通过天安门上空。这样一来，人们看到的受阅飞机不是 17 架，而是 26 架。就连外国记者也未察觉这个细节，惊异于人民解放军空军一夜之间竟有如此实力。他们在报道中写道："中共空军以野马式 P-51 型战斗机为主，共 26 架飞机接受检阅。"并惊呼"中共一夜之间有了自己的空军"。

2. 国庆70周年大阅兵

庆祝中华人民共和国成立 70 周年阅兵式于 2019 年 10 月 1 日在北京举行。在这一历史节点上，东风-41 核导弹、99A 坦克、歼-20 战斗机、巨浪-2 导弹等明星装备惊艳亮相，并受到外界"强势围观"。分列式部队，依次按空中护旗梯队、徒步方队、装备方队、空中梯队的顺序通过天安门广场。这次阅兵编 59 个方（梯）队和联合军乐团，总规模约 1.5 万人、各型飞机 160 余架、装备 580 台（套）。其中，徒步方队编仪仗方队、各军兵种方队、女兵方队、院校科研方队、文职人员方队、预备役部队方队、民兵方队、维和部队方

183

队等 15 个方阵；装备方队编陆上作战、海上作战、防空反导、信息作战、无人作战、后装保障、战略打击等 7 个模块 32 个方队；空中梯队编领队机梯队、预警指挥机梯队、轰炸机梯队、舰载机梯队、歼击机梯队、陆航突击梯队等 12 个梯队；联合军乐团以解放军军乐团为主，从全军抽组 1300 多人组成（图 7-3、图 7-4）。

图 7-3　庆祝中华人民共和国成立 70 周年大会阅兵式上，特战装备方队接受检阅

图 7-4　庆祝中华人民共和国成立 70 周年大会阅兵式上，东风 -41 接受检阅

这次阅兵，是中国特色社会主义进入新时代的首次国庆阅兵。强国必须强军，军强才能国安。习近平总书记强调，我军必须为巩固中国共产党领导和我国社会主义制度提供战略支撑，为捍卫国家主权统一、领土完整提供战略支撑，为维护我国海外利益提供战略支撑，为促进世界和平与发展提供战略支撑。在全面建设社会主义现代化国家新征程上，

必须强化使命担当，提高我军捍卫国家主权、安全、发展利益的战略能力，加快国防和军队现代化，实现富国和强军相统一。这是党和人民赋予人民军队的新时代使命任务，是支撑中华民族伟大复兴的战略要求，也是我军全部价值之所在。

适用环境

课堂环境。

实践设计

步骤一：课前准备。观看中华人民共和国成立 70 周年大会阅兵式。

步骤二：教师导入。介绍中华人民共和国成立 70 周年大会阅兵式与开国大典阅兵式的背景，划分小组或使用教学班级既有小组，安排讨论的环节和讨论过程的注意事项。

步骤三：小组研讨。通过中华人民共和国成立 70 周年大会阅兵式与开国大典阅兵式的对比，思考我国将如何把人民军队建设成为世界一流军队。

步骤四：代表发言。各小组派代表汇报讨论的结果。生生互评：学生对其他组的结论进行点评。

步骤五：教师点评。对各小组讨论情况进行点评，对新时代走中国特色强军之路的战略安排以及奋斗目标进行讲授和总结。

效果监测

通过教学过程观察学生对背景知识的掌握和实践教学参与度。学生汇报的材料纳入课程综合评价。

（二）党自我革命的武器：批评与自我批评

教学主题

党的自我革命。

知识背景

2017 年 10 月 25 日，习近平总书记在中共十九届一中全会后会见中外记者时指出："实践充分证明，中国共产党能够带领人民进行伟大的社会革命，也能够进行伟大的自我革命。"勇于自我革命，是我们党最鲜明的品格，是中国共产党区别于其他政党的显著标志。而传承好自我革命精神，就要用好批评与自我批评的武器。

开展严肃认真的批评与自我批评，是马克思主义政党进行自我革命、保持先进性和纯洁性、保持创造力和战斗力的锐利武器，是加强和规范党内政治生活的重要手段，也是坚定不移推进全面从严治党、维护党团结统一的重要抓手。党的光辉历程，就是一部不断自我革命的奋斗史，批评与自我批评贯穿始终。我们党早在1929年的《古田会议决议》中就已指出："党内批评是坚强党的组织，增加党的战斗力的武器。"通过批评与自我批评，正确解决党内矛盾，开创了自我革命的范例。毛泽东同志指出："自己来批评自己的主观主义、官僚主义和宗派主义，这会不会使我们的党丧失威信呢？我看不会。相反的，会增加党的威信。""这种自我批评只有在我们的部队里才有，在国民党军队里这是不可能的。"的确，国民党害怕批评，而我们党坚持了批评与自我批评，增加了党的威信。新中国成立后，党继续保持这一优良作风。党的"七千人大会"，就很好地进行了批评与自我批评。刘少奇同志说："各级党的委员会一个月之内要有一次党内生活会。委员会开会，进行批评和自我批评。"邓小平同志指出："谈谈心，相互批评批评，有意见就讲。"

习近平总书记指出："自我批评要一日三省，相互批评要随时随地，不要等小毛病发展成大问题再提。要让批评和自我批评成为党内生活的常态，成为每个党员、干部的必修课。"开展良好的批评与自我批评，这是巩固党的团结统一，加强党内监督，保持党的肌体健康，使党充满生机的有力武器。

适用环境

课堂环境。

实践设计

本次实践依托深入推进党的自我革命的背景知识，组织开展模拟的党员民主生活会，让学生既能更加深入地了解成为党员的高标准，又能更加深刻地体会批评与自我批评的重要作用。

步骤一：前期准备。教师介绍本次实践主题的背景知识与意图，发给学生准备材料《如何开展批评与自我批评？这篇"指南"请收好》。组织学生开始准备开展批评与自我批评。

步骤二：开展活动。学生开始模拟的批评与自我批评实践。教师负责协调并做好相关记录。

步骤三：学生讨论。结合参与的感受，组织学生开展讨论，主要围绕参与的具体感受以及如何能够更好地开展批判与自我批评进行。

步骤四：教师点评。对班级参与实践的情况进行点评，对党开展的自我革命进行讲授和总结。

效果监测

通过教学过程观察学生对背景知识的掌握和实践教学参与度，将学生表现纳入课程综合评价。

（三）观看纪录片《同心战"疫"》

教学主题

弘扬伟大抗疫精神。

知识背景

2020年暴发的新冠肺炎疫情，是百年来全球发生的最严重的传染病大流行，也是新中国遭遇的传播速度最快、感染范围最广、防控难度最大的重大突发公共卫生事件。

病毒突袭而至，疫情来势汹汹，人民生命安全和身体健康面临严重威胁。中国共产党坚持人民至上、生命至上，以坚定果敢的勇气和坚韧不拔的决心，同时间赛跑、与病魔较量，迅速打响疫情防控的人民战、总体战、阻击战，用1个多月的时间初步遏制疫情蔓延势头，用2个月左右的时间将本土每日新增病例控制在个位数以内，用3个月左右的时间取得武汉保卫战、湖北保卫战的决定性成果，进而又接连打了几场局部地区聚集性疫情歼灭战，夺取了全国抗疫斗争重大战略成果（图7-5）。

武汉和湖北是疫情防控阻击战的主战场，武汉胜则湖北胜、湖北胜则全国胜。一方有难，八方支援。我们举全国之力实施规模空前的生命大救援，用10多天的时间先后建成火神山医院和雷神山医院、大规模改建16座方舱医院、迅速开辟600多个集中隔离点，19个省区市对口帮扶除武汉以外的16个市州，最优秀的人员、最急需的资源、最先进的设备千里驰援，在最短时间内实现了医疗资源和物资供应从紧缺向动态平衡的跨越式提升。各行各业扛起责任，国有企业、公立医院勇挑重担，460多万个基层党组织冲锋陷阵，400多万名社区工作者在全国65万个城乡社区日夜值守，各类民营企业、民办医院、慈善机构、养老院、福利院等积极出力，广大党员、干部带头拼搏，人民解放军指战员、武警部队官兵、公安民警奋勇当先,广大科研人员奋力攻关,数百万快递员冒疫奔忙,180万名环卫工人起早贪黑,新闻工作者深入一线,千千万万志愿者和普通人默默奉献……广大医务人员白衣为甲、逆行出征,舍生忘死挽救生命。全国数百万名医务人员奋战在抗疫一线,给病毒肆虐的漫漫黑夜带来了光明,生死救援情景感天动地!54万名湖北省和武汉市医务人员同病毒短兵相接,率先打响了疫情防控遭遇战。346支国家医疗队、4万多名医务人员毅然奔赴前线,很多人在万家团圆的除夕之夜踏上征程。人民军队医务人员牢记我军宗旨,视疫情为命令,召之即来、来之能战、战之能胜。

图7-5 同心战"疫"

中国共产党准确把握疫情形势变化,立足全局、着眼大局,及时作出统筹疫情防控和经济社会发展的重大决策,坚持依法防控、科学防控,推动落实分区分级精准复工复产,最大限度地保障人民生产生活。我们加大宏观政策应对力度,扎实做好"六稳"工作,全面落实"六保"任务,制定一系列纾困惠企政策,出台多项强化就业优先、促进投资消费、稳定外贸外资、稳定产业链供应链等措施,促进新业态发展,推动交通运输、餐饮商超、文化旅游等各行各业有序恢复,实施支持湖北发展一揽子政策,分批分次复学复课。

中国本着公开、透明、负责任的态度,积极履行国际义务,第一时间向世界卫生组织、有关国家和地区组织主动通报疫情信息,第一时间发布新冠病毒基因序列等信息,第一时间公布诊疗方案和防控方案,同许多国家、国际和地区组织开展疫情防控交流活动

70多次，开设疫情防控网上知识中心并向所有国家开放，毫无保留同各方分享防控和救治经验。我们在自身疫情防控面临巨大压力的情况下，尽己所能为国际社会提供援助，宣布向世界卫生组织提供两批共5000万美元现汇援助，向32个国家派出34支医疗专家组，向150个国家和4个国际组织提供283批抗疫援助，向200多个国家和地区提供和出口防疫物资。从2020年3月15日至9月6日，我国总计出口口罩1515亿只、防护服14亿件、护目镜2.3亿个、呼吸机20.9万台、检测试剂盒4.7亿人份、红外测温仪8014万件，有力支持了全球疫情防控。

适用环境

课堂环境。

实践设计

步骤一：教师导入。介绍中国抗击新冠肺炎疫情的情况并让学生自行观看纪录片《同心战"疫"》。

步骤二：小组讨论。请同学们围绕"生命至上、举国同心、舍生忘死、尊重科学、命运与共的伟大抗疫精神"，结合观看的视频和自身的体会进行讨论。

步骤三：代表发言。各小组派代表发言，同时组织各组之间互相点评，形成学生间的观点交流。

步骤四：教师点评。对各小组的讨论情况进行点评，并详细讲授伟大抗疫精神的内涵。

步骤五：总结点评。教师结合教学主题，对各组发言情况进行点评。安排学生在实践教学环节结束后，以文字材料的形式提交实践教学报告。

效果监测

通过教学过程观测学生对相关知识的掌握程度以及对价值目标的认可程度。学生提交的文字材料可记录分数，并计入课程最终评价。

（四）微视频大比拼：身边的全面小康

教学主题

全面建成小康社会。

知识背景

2021年7月1日，习近平总书记在庆祝中国共产党成立100周年大会上庄严宣告："经过全党全国各族人民持续奋斗，我们实现了第一个百年奋斗目标，在中华大地上全面建成了小康社会，历史性地解决了绝对贫困问题，正在意气风发向着全面建成社会主义现代化强国的第二个百年奋斗目标迈进。"

100年来，中国共产党团结带领中国人民顽强拼搏，几代人一以贯之、接续奋斗，从"小康之家"到"小康社会"，从"总体小康"到"全面小康"，从"全面建设"到"全面建成"，小康目标不断实现，小康梦想成为现实。

改革开放新时期，党团结带领人民持续推进小康社会建设，实现了人民生活从温饱不足到总体小康、奔向全面小康的历史性跨越。

进入新时代，到了需要一鼓作气向全面建成小康社会目标冲刺的关键时刻。以习近平同志为核心的党中央，团结带领全党和全国人民，锚定这个宏伟目标，统筹推进"五位一体"总体布局，协调推进"四个全面"战略布局，攻坚克难，奋发有为，向着全面建成小康社会进军。2012年，党的十八大提出，在中国共产党成立100年时全面建成小康社会，并确定了全面建成小康社会目标，即经济持续健康发展，人民民主不断扩大，文化软实力显著增强，人民生活水平全面提高，资源节约型、环境友好型社会建设取得重大进展。由"全面建设小康"到"全面建成小康"，彰显了党团结带领人民夺取全面建成小康社会胜利的坚定决心。2017年，党的十九大科学把握党和国家事业所处的历史方位和发展阶段，全面分析全面建成小康社会的基础条件、内外因素，作出决胜全面建成小康社会、开启全面建设社会主义现代化国家新征程战略部署，吹响了夺取全面建成小康社会伟大胜利的号角。……习近平总书记亲自谋划、亲自指挥、亲自推动全面小康社会建设，团结带领全党和全国人民，战贫困、促改革、抗疫情、治污染、化风险，着力提升人民群众获得感、幸福感、安全感，解决了许多长期想解决而没有解决的难题，办成了许多过去想办而没有办成的大事，党和国家事业取得历史性成就、发生历史性变革。经过全党和全国人民持续奋斗和不懈努力，全面建成小康社会目标如期实现，实现中华民族伟大复兴迈出了关键一步。

——摘自《中国的全面小康》白皮书，2021年9月

适用环境

课外实地。

| 第七章 决胜全面建成小康社会和开启全面建成社会主义现代化强国新征程（2017—2021）

> **实践设计**

2021年我国实现了第一个百年奋斗目标，全面建成了小康社会。为激发与展现学生新时代国家富强、民族振兴、人民幸福的自豪感和自信心，开展"身边的全面小康"微视频制作大比拼。

步骤一：前期准备。教师介绍本次微视频的比拼规则。微视频内容主要围绕在全面建设小康社会的时期，身边发生的一些变化，以及全面建成小康社会后的所思所感。以小组为单位，内容表现形式不限，展现主题即可，短视频要求时长控制在八分钟以内。

步骤二：微视频展示。学生进行微视频的展示，教师负责协调并做好相关记录。

步骤三：学生讨论。结合参与的感受，组织学生开展讨论，并进行投票。

步骤四：教师点评、颁奖。对班级参与实践的情况进行点评，给获奖小组奖励小礼品（或课堂加分），最后对相关知识进行补充，对学生的表现进行总结。

> **效果监测**

通过教学过程观察学生对背景知识的掌握和实践教学参与度，将学生表现纳入课程综合评价。

（五）从《中华人民共和国国民经济和社会发展第十四个五年规划和2035年远景目标纲要》看新征程

> **教学主题**

开启全面建成社会主义现代化强国新征程。

> **知识背景**

习近平总书记在经济社会领域专家座谈会上提出：用中长期规划指导经济社会发展，是我们党治国理政的一种重要方式。实践证明，中长期发展规划既能充分发挥市场在资源配置中的决定性作用，又能更好发挥政府作用。编制和实施国民经济和社会发展五年规划，是党治国理政的重要方式，是中国之治的重要"密码"。新中国成立70多年，尤其是改革开放以来，远期有战略、中期有规划、年度有部署，三者有机结合、互相补充的方式，为推动我国经济社会持续快速健康发展发挥了重要作用。1953年，在取得抗美援朝战争伟大胜利的这一年，我国开始实施第一个五年计划。到2021年这个历史交汇点，"十三五"圆满收官，"十四五"扬帆启航。编制和实施五年规划是我们党治国理政的重要方式，这一论断在时间的坐标中得到了精彩的演绎。13个五年规划（计划）先后实施，将一个一穷二白的国家变成世界第二大经济体，串联起人类历史上最为波澜壮阔的现代化进程。"十四五"开启，拉开了全面建设社会主义现代化国家的大幕。一年一个样，五年大变样，十多个五年足以积累起改天换地的磅礴力量。五年规划的编制和实施，不仅展现着"中国之治"的巨大魅力，更潜藏着中国实现现代化和经济社会持续健康发展的成功密码。"十四五"时期我国进入新发展阶段，我们要深刻认识我国社会主要矛盾变化带来的新特征、新要求，深刻认识错综复杂的国际环境带来的新矛盾、新挑战。继续用好五年规划的制度优势，为实施"十四五"规划开好局、起好步，把中国的现代化进程从过去延伸到未来，就一定能在全面建设社会主义现代化国家新征程上创造新的历史辉煌（图7-6）。

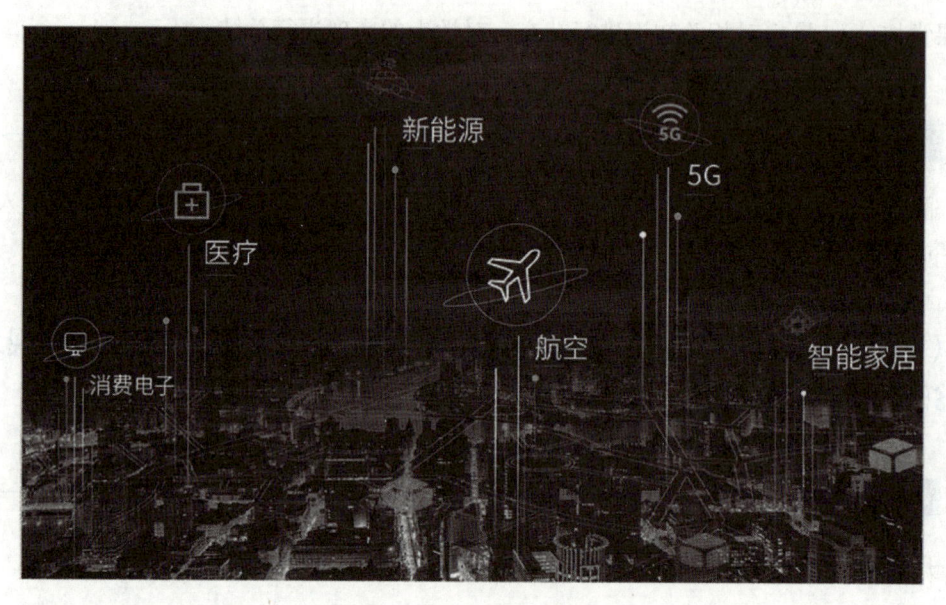

图7-6 "十四五"规划

适用环境

课堂环境。

实践设计

"十四五"时期是我国全面建成小康社会、实现第一个百年奋斗目标之后，趁势而上开启全面建设社会主义现代化国家新征程、向第二个百年奋斗目标进军的第一个五年。它主要阐明了国家意图，明确了政府工作重点，是我国开启全面建设社会主义现代化国家新征程的宏伟蓝图，是全国各族人民共同的行动纲领。带领学生学习《中华人民共和国国民经济和社会发展第十四个五年规划和 2035 年远景目标纲要》（以下简称《纲要》）可以让学生更直观地感受到现代化的进程、中国制度的巨大优势、中国式现代化新道路的特点，增强"四个自信"。

步骤一：前期准备。教师提前交代学生预习相关文本，并推荐一部央视纪录片《五年规划》，有兴趣的同学可以课后自行观看。请学生思考各行各业的人看到《纲要》后可以怎样调整自己的个人规划。学生可以在课上进行角色扮演。

步骤二：教师引导。教师将《纲要》的重要部分进行讲解。

步骤三：学生进行角色扮演。例如："如果我是一名普通的工程师，我将继续提高自身的科研创新的能力，因为之后的五年内国家将给科研人员更多的自主权，会实行'揭榜挂帅''赛马'等制度，我得提前做好准备，把握机遇！"学生结合规划，发挥自己的想象力，进行角色扮演。

步骤四：生生互评、教师点评。先让学生自己相互评价之后，老师对相关知识进行补充，并对学生的表现进行总结。

效果监测

通过教学过程观察学生对背景知识的掌握和实践教学参与度，将学生表现纳入课程综合评价。

五、拓展思考

（1）为什么说习近平新时代中国特色社会主义思想是党和国家必须长期坚持的指导思想？

（2）如何认识"两个大局"互相激荡带来的新挑战？

（3）如何深入把握新发展阶段、新发展理念、新发展格局的联系？

（4）如何理解统筹发展和安全的重要意义？

（5）习近平外交思想的核心要义是什么？

重点回顾·知识速递

（1）2017年10月18日至24日，中共十九大在北京召开。大会确立习近平新时代中国特色社会主义思想的历史地位，提出新时代坚持和发展中国特色社会主义的基本方略，确定决胜全面建成小康社会、开启全面建设社会主义现代化国家新征程的目标。

（2）2018年12月18日，庆祝改革开放40周年大会在北京举行。大会向100名获得改革先锋称号的同志和10名获得中国改革友谊奖章的国际友人颁授奖章。

（3）2019年1月2日，《告台湾同胞书》发表40周年纪念会在北京人民大会堂举行。习近平总书记在纪念会上发表《为实现民族伟大复兴、推进祖国和平统一而共同奋斗》的讲话，全面阐述立足新时代、在民族复兴伟大征程中推进祖国和平统一的五项重大政策主张。

（4）2019年4月30日，纪念五四运动100周年大会在北京人民大会堂举行。习近平总书记在讲话中指出，五四运动孕育了以爱国、进步、民主、科学为主要内容的伟大五四精神，其核心是爱国主义精神。新时代中国青年运动的主题，新时代中国青年运动的方向，新时代中国青年的使命，就是坚持中国共产党领导，同人民一道，为实现"两个一百年"奋斗目标、实现中华民族伟大复兴的中国梦而奋斗。

（5）2019年10月1日，庆祝中华人民共和国成立70周年大会在北京隆重举行。20余万军民以盛大的阅兵仪式和群众游行欢庆共和国70华诞。中共中央总书记、国家主席、中央军委主席习近平发表重要讲话并检阅受阅部队。此前，习近平总书记于2019年9月17日签署主席令，根据十三届全国人大常委会第十三次会议17日下午表决通过的全国人大常委会关于授予国家勋章和国家荣誉称号的决定，授予于敏、申纪兰、孙家栋、李延年、张富清、袁隆平、黄旭华、屠呦呦"共和国勋章"。

（6）2020年6月30日，《中华人民共和国香港特别行政区维护国家安全法》获得通过并颁布实施，开启了香港"一国两制"实践的新征程。香港国安法的颁行，有效地维护国家安全，有效地防范、制止和惩治与香港特别行政区有关的危害国家安全的犯罪，堵塞香港特别行政区在维护国家安全方面存在的制度漏洞，对于新形势下坚持和完善"一国两制"，维护国家主权、安全、发展利益，确保香港长治久安和长期繁荣稳定，具有重大而深远的意义。

（7）2020年9月8日，全国抗击新冠肺炎疫情表彰大会在北京人民大会堂隆重举行，习近平总书记发表重要讲话。抗击新冠肺炎疫情斗争取得重大战略成果，充分展现了中国共产党领导和我国社会主义制度的显著优势，充分展现了中国人民和中华民族的伟大力量，充分展现了中华文明的深厚底蕴，充分展现了中国负责任大国的自觉担当，极大地增强了全党全国各族人民的自信心和自豪感、凝聚力和向心力，必将激励我们在新时代新征程上披荆斩棘、奋勇前进。

（8）2021年2月25日，全国脱贫攻坚总结表彰大会在北京人民大会堂隆重举行。习近平总书记向全国脱贫攻坚楷模荣誉称号获得者颁奖并发表重要讲话，系统论述了中国特色反贫困理论的主要内涵，系统阐述了脱贫攻坚精神的深刻内涵。大会对全国脱贫攻坚先进个人、先进集体进行表彰。

（9）2021年7月1日，庆祝中国共产党成立100周年纪念大会在北京天安门广场隆重举行。习近平总书记代表党和人民庄严宣告，经过全党全国各族人民持续奋斗，我们实现了第一个百年奋斗目标，在中华大地上全面建成了小康社会，历史性地解决了绝对贫困问题，正在意气风发向着全面建成社会主义现代化强国的第二个百年奋斗目标迈进。他指出，中国共产党一经诞生，就把为中国人民谋幸福、为中华民族谋复兴确立为自己的初心使命。一百年来，中国共产党团结带领中国人民进行的一切奋斗、一切牺牲、一切创造，归结起来就是一个主题：实现中华民族伟大复兴。6月29日，在人民大会堂举行"七一勋章"颁授仪式，共授予29名同志"七一勋章"。

| 本章结语 |

"中国的昨天已经写在人类的史册上,中国的今天正在亿万人民手中创造,中国的明天必将更加美好。"中华民族正处于一个超过以往任何时候的伟大时代,一个不断创造出令世人惊叹的伟大奇迹的时代,一个将对人类社会作出更大贡献的时代。2022年10月,中国共产党第二十次全国代表大会胜利召开。大会强调,新时代新征程中国共产党的中心任务就是团结带领各全国各族人民全面建成社会主义现代化强国、实现第二个百年奋斗目标,以中国式现代化全面推进中华民族伟大复兴。回首过去,展望未来,党用伟大奋斗创造了历史伟业,也一定能用新的伟大奋斗在全面建设社会主义现代化国家、全面推进中华民族伟大复兴的伟大实践中创造新的伟业。

附 录

访谈教学操作规范

访谈操作流程示例如下：

一、访谈准备

1. 小组分工

寻访小组成员一般为3~5名，在小组会议中由组长对其他成员进行分工，各司其职。

分工	前期准备	背景材料收集 预访谈 访谈提纲和计划的制订	寻访行程路线的安排	联络口述者
	访谈过程	主采访、辅助采访	拍照、录音	记录者1	记录者2

2. 资料收集

搜集与整理拟受访人名单。收集查阅与受访人经历相关的背景史料。为了更有效地获取口述史料，保证采访效果，采访人需事先查阅口述访谈相关的背景史料，了解受访人所处的大环境，明晰相关事件的来龙去脉，熟悉与此相关的专业词汇、重要人物名称等。

3. 预访谈

工作团队确定后，组长和采访人首先拜访受访人，向其详细说明口述的目的、内容、用途、工作流程及隐私保护等情况，同时了解受访人基本信息、经历线索及其他相关实物文献的种类、数量、保存地等。

在预访谈过程中，团队成员应充分听取受访人对此项工作的理解、建议、个人意愿等，观察受访人的生活情况和惯常所处环境，了解受访人健康状况、生活习惯、方言状况等，以便制订合理的工作计划和访谈提纲，同时还需考虑是否要配备方言翻译等。

4. 访谈提纲的拟定

采访人根据预访谈所获信息及相关资料，拟定访谈提纲。访谈提纲包含以下主要内容：

（1）受访人的基本信息，包括受访人的姓名、曾用名、出生年月、籍贯、学历、现居地等。

（2）受访人亲历的口述资料，其中包括具体细节以及记忆最深的人、事、物等。

（3）根据受访人的具体情况，可询问受访人对当时具体情况、重大历史事件的认识和评价。

访谈提纲中设计的问题，要具有开放性、启发性、具体化的特点。由于口述史访谈是基于受访人的个人生活和经历，建议以其年表为访谈脉络，将其中重大事件、关键人物设为时间节点，围绕具体分化的阶段性主题，有针对地设计具体问题。如果条件允许，可将访谈提纲事先提供给受访人。

5. 访谈计划

访谈计划主要包括访谈时间、地点的选择以及访谈频次的控制等。根据可行性，确定寻访对象及访谈的整体时间。访谈时间的选择应尊重受访人意愿，访谈地点应选择受访人熟悉的环境。

二、访谈实施

1. 访谈过程中应注意的事项

访谈时，采访人与受访人面对面交流，坐高相仿、视线相对。这有助于采访过程中的互动，也能缓解受访人的紧张情绪，让采访人在近距离接触中更快地融入采访，使两者建立良好的信任关系。

访谈是需要采访人在做好充分准备的前提下，通过不断调动受访人回答问题的积极性，与受访人深入交谈，而不是机械地将事先列出的具体问题转换成口头提问。在交谈中，采访人记录所获取的信息，需对信息的有效性作出及时判断，还要发掘信息点并加以追问，从而对问题获得更深入的了解。这要求采访人不仅要有丰富的知识储备，还需掌握相应的访谈技巧。

（1）预热。进入访谈，热身问题可以是寒暄式的，甚至即兴的，但要避免轻率。这些问题不仅是情绪、情感上的预热，也是头脑或思维的预热。此阶段切忌提复杂问题、敏感问题。这些问题把握着整个访谈的方向，是整个访谈顺利进行的保障。

（2）提问。把握主题和方向，尽量按照时间顺序或事件发展的脉络提问，使用简单明确的语言。避免使用"先进""落后"等带有倾向性的词语，避免用生硬或不相干的问题影响或干扰受访人的思路。

（3）倾听。要求采访人尽量将注意力集中到受访人回答的内容上。可以根据受访人的回答随时调整问题，及时补充之前忽略或遗漏的重要信息点。根据具体情况采用回避、修正或追问等不同处理办法。在此过程中，采访人应使用合适的表情、语言或肢体语言，给受访人以认可和鼓励。

（4）追问。在不破坏受访人情绪或干扰其思路的前提下，发现新的信息点，遇到不懂、模糊或者不清楚的问题（如事件、关键人物、年代、人名、地名或其他专有名词），要及时追问。

（5）尊重。访谈中尊重对方隐私。在搜集一些关于受访人较为敏感的话题时，若受访人不愿多提及，一定要尊重对方隐私，不能执意寻根问底。

（6）控制。一方面是采访人的自我控制，一方面是对访谈局面和节奏的控制。我们既可以用提问来控制，也可以用表情与动作来控制。无论哪种方式，都要避免过度。避免用生硬的方式打断或干扰受访人，引起不悦或其他不必要的情绪波动，导致整个访谈中断或失败。

2. 访谈流程

（1）准备好拍摄和录音设备。

（2）访谈开始。采访人首先报出以下信息：本次访谈的时间、地点、采访人姓名、受访人姓名、第几次访谈。

（3）倾听追问。访谈过程中，采访人本着"倾听与追问"的原则，掌握访谈的节奏、话题的走向与整体访谈时间。同时，尊重受访人的意愿，保护隐私。

（4）合影留念。受访人与寻访小组合影留念。
（5）文献征集。寻访团队向受访人及家人征集相关图片、文章、实物等史料文献。

3. 采访要求

（1）时间安排。访谈时间的选择应尊重受访人意愿，考虑其生活习惯及环境等因素，并考虑受访人的年龄及身体状况，合理安排访谈时间。若受访人年事已高，整个口述史访谈分多次进行，每次访谈时间不宜过长，一般控制在 2 小时以内。

（2）地点选择。访谈地点应选择受访人熟悉的环境，如受访人的家中、惯常所处场所等，以保证其在较为放松、舒适的状态下进行讲述。采用实地拍摄、现场录制。

（3）录音要求。全程录音（条件允许也可为受访人佩戴领夹式麦克风或设置适合的外置麦克风收音），录音设备近距离贴身放置。

（4）照片拍摄。拍照要求保证三种类型的照片：受访人正面照、侧面照以及采访场景照。

三、访谈作业要求

保留原始采访记录，同时小组成员需对原始采访记录进行加工整理，形成文稿。

版权声明

根据《中华人民共和国著作权法》的有关规定，特发布如下声明：

1. 本出版物刊登的所有内容（包括但不限于文字、二维码、版式设计等），未经本出版物作者书面授权，任何单位和个人不得以任何形式或任何手段使用。

2. 本出版物在编写过程中引用了相关资料与网络资源，在此向原著作权人表示衷心的感谢！由于诸多因素没能一一联系到原作者，如涉及版权等问题，恳请相关权利人及时与我们联系，以便支付稿酬（联系电话：010-60206144；邮箱：2033489814@qq.com）。